漫话晋国
MAN HUA JINGUO

中共曲沃县委宣传部
曲沃县晋国博物馆 ⊙ 编

山西出版传媒集团
三晋出版社

图书在版编目（CIP）数据

漫话晋国 / 中共曲沃县委宣传部，曲沃县晋国博物馆编．
—太原：三晋出版社，2024.11. --ISBN 978-7-5457-3159-0

Ⅰ．K255.09

中国国家版本馆 CIP 数据核字第 2025ER2105 号

漫话晋国
MAN HUA JINGUO

编　　者：	中共曲沃县委宣传部　曲沃县晋国博物馆
责任编辑：	薛勇强
出 版 者：	山西出版传媒集团·三晋出版社
地　　址：	太原市建设南路 21 号
电　　话：	0351-4956036（总编室）　0351-4922203（印制部）
经 销 者：	新华书店
承 印 者：	山西万佳印业有限公司
开　　本：	889mm×1194mm　1/20
印　　张：	8.8
字　　数：	120 千字
版　　次：	2024 年 11 月第 1 版
印　　次：	2025 年 5 月第 1 次印刷
书　　号：	ISBN 978-7-5457-3159-0
定　　价：	68.00 元

如有印装质量问题，请与本社发行部联系　电话：0351-4922268

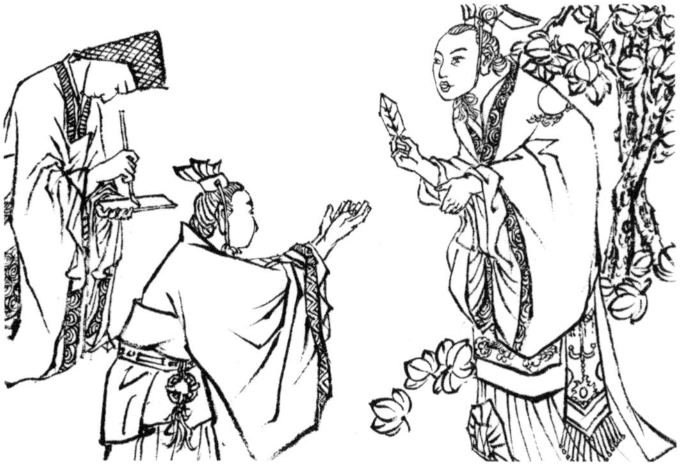

《漫话晋国》编委会

主　　　任：秦康杰　陈宇芳
副　主　任：董朝晖
编　　　委：侯　军　丁　磊　席为民　马瑞宁　王会选
　　　　　　陶向明

主　　　编：宋宇鹏
副　主　编：袁莉芳　冯　倩
编　　　辑：王　瑞　王佩佩　王瑞华　卢　婧　张　茹
（按姓氏笔画）张　璇　崔芳棋　樊　玲
编　　　务：王瑞华
插　　　图：李国瑞

出　　　品：中共曲沃县委宣传部
　　　　　　曲沃县晋国博物馆

前言

五千年文明看山西，六百载风云看晋国！

晋国是西周、春秋时期的重要诸侯国，它的历史悠久厚重，故事生动鲜明，是中华民族的宝贵财富。

晋国历史绵延650余年，其间涌现出许多青史留名的英雄人物，发生过无数可歌可泣的动人故事，直到今天仍然为人们所纪念。

《漫话晋国》是一本以通俗易懂、生动有趣的语言描绘晋国故事的书，它选取了晋国历史上具有重要意义的名人轶事，配以生动形象的插图，意在让大家比较容易地阅读晋国历史故事，更好地传播和推广晋文化。

如有不足，欢迎大家指正。

编委会

目录 Contents

002 —— 神起的名字

004 —— 玩"游戏"当上国君

006 —— 唐国大丰收

008 —— 三千年前的红头文件

010 —— 编钟里的晋献侯

013 —— 随心所欲的奇葩老爸

016 —— 周王室的护航者

019 —— 六十七年的生死较量

022 —— 宁死也要守卫心中的信仰

025 —— 强干弱枝固君权

028 —— 贪心的代价

031 —— 这个女人有点毒

034 —— 无计可施的忠义之士

036 —— 出尔反尔的"老赖"国君

040 —— 披着政治外衣的两国联姻

043 —— 成就重耳的齐国奇女子

046 —— 流亡路上的患难真情

049 —— 好奇心爆棚的曹共公

052 —— 退避三舍的许诺

054 —— 回国的"最后一公里"

057 —— 听人劝的晋文公

060 —— 不一样的"游街示众"

063 —— 一把火烧出来的节日

066 —— 该出手时就出手

069 —— 取信于民是上上策

073 —— 不打无准备之战

076 —— 以少胜多的大战

079 —— 历史上第一场伏击战

082 —— 不计前仇用人才

085 —— 春秋第一战神的悲壮收场

088	翻手为云覆手为雨的赵盾
091	晋国最不靠谱的国君
094	有骨气的史官
097	实力不允许低调
100	引爆战争的嘲笑
102	国仇私怨一起报
104	谦让成风 晋国之幸
106	有恩必报的智罃
109	剑指赵氏的迁都
112	晋楚两大军团的最后一次决战
115	栾书设计灭郤氏
118	举贤不避仇和亲
121	"大度"要分事儿
124	敢打国君的脸
127	后院不能起火
130	争霸是一场持久战
133	攻城先攻心
136	做人不能忘本
138	一食三叹巧劝谏
141	一部迟到却不会缺席的成文法
144	六大家族的第一次洗牌

147 —— 晋国霸业的终结

150 —— 勇毅果敢的智瑶

153 —— 贪小便宜吃大亏

156 —— 大水冲出的三家分晋

159 —— 覆灭与新生

神起的名字

在辽阔的中华大地上，有一片古老而神秘的土地，被誉为"华夏文明的摇篮"，这就是山西。山西简称"晋"，源于3000多年前在这片土地上建立起的一个强大的诸侯国——晋国。晋国的始祖叫唐叔虞，关于他的出生还有一个神奇的故事呢。

公元前1046年，周武王战胜了荒淫无道的商纣王，建立起一个新的王朝——周朝。

有一天晚上，周武王做了一个神奇的梦，在梦里天神告诉他："我将赐你一个儿子，给他取名叫'虞'。等他长大后，把唐国分封给他。"本来以为只是一个梦，可是没过多久王后邑姜果然生下来一个男孩，孩子的掌纹就是金文中"虞"字的样子。武王和邑姜看着这个天赐之子开心极了！于是，决定顺从天命，给这个男孩取名为"虞"。他在兄弟中排行较小，大家都亲昵地叫他叔虞。这就是梦生叔虞的故事。

漫话晋国 | MAN HUA JINGUO

梦，是我们睡觉时大脑的表象活动。古代帝王出生的时候，往往会有一些梦境的预兆，是"君权神授"思想的反映。你还知道哪些呢？说出来我们一起分享吧！

金文中的虞（矢）字

玩"游戏"当上国君

武王去世后,太子诵继位,史称周成王。一天,年幼的成王和弟弟叔虞在御花园中嬉戏玩耍。忽然,一阵秋风吹来,梧桐树叶伴着欢快的嬉笑声缓缓落下。成王看着飘落的树叶灵机一动,捡起一片叶子削成礼器玉圭的样子,一本正经地对叔虞说:"我分封你到唐国做诸侯!你要善待唐国百姓,精心治理,不要辜负本王和百姓的期望。"叔虞一听这话,欢欢喜喜地跪倒在地,就像真的接受册封那样双手高举过头顶,大声说道:"谢王赏赐!虞定不辱使命。"兄弟俩你一言我一语,认认真真地做着游戏,丝毫没有察觉到一旁的史官已经把这一切记录了下来。

过了几天,史官询问成王什么时候为叔虞举行册封大典。成王说:"我们玩游戏,怎么能当真呢!"史官恭敬却严肃地说:"天子无戏言。"于是,成王便真的把叔虞封到了唐国做诸侯。

漫话晋国
MAN HUA JIN GUO

天子无戏言，是指帝王要说话算数，是约束君主行为和显示君主权威的重要方法。后来"天子无戏言"逐渐演变为"君无戏言"，是说一个人许下诺言，就必须要落实、兑现。

唐国大丰收

唐国位于今天山西省南部，黄河、汾河以东，方圆百余里。当时这里有农耕民族，还有游牧民族，不好统一管理。

叔虞虽然因为一句"玩笑话"当上了唐国的国君，但他的能力可不是开玩笑的。他因时而治、因俗而治，指导农耕民族按照节气从事农业活动，为游牧民族规划活动范围，兴修水利，铺设道路，教化百姓，积极生产，百姓逐渐过上了安居乐业的生活。

叔虞的功绩感动了上天。第二年，唐国的田野里长出了一种奇异的谷物——嘉禾，相传嘉禾每一根秆上都有好几个穗头，这可是农业丰收的祥瑞征兆。叔虞非常欢喜，于是挑选了几株硕大的嘉禾进献给周成王，并受到了嘉奖，这在西周初年是件大事，史称"唐献嘉禾"。

在叔虞的精心治理下，唐国由乱转治，实现农业大丰收。唐献嘉禾，无疑是给政权趋于稳定的周王朝注入了一剂强心针，为晋国日后的发展壮大打下了坚实的基础。

三千年前的红头文件

叔虞去世后，儿子燮父继位。他秉承父亲叔虞的治国理念，一手抓国防，一手抓生产，把唐国治理得朝气蓬勃、蒸蒸日上，老百姓也很信服这个新继位的国君，大家都尊称他为唐伯。

随着国家经济实力的增长，唐国的面积也有了小规模的拓展，还占据了唐都南边的晋水畔。这可是一个风水宝地，北边的桥山可作为屏障，而且还能提供资源；中间地势平坦开阔，正好用来生产生活；南边缓缓流过的晋水，不仅能为国家提供充足的水源，还能起到进可攻退可守的军事作用。

正是因为看到晋水畔这些天然的优势，同时也为了谋取更大的发展，有远见有志向的燮父决定将都城从地域狭小的唐国迁到潜力无限的晋水畔。可迁都真不是一件小事，搞基建都是最基础的，最重要的是要打报告，必须得到周天子这个老大的批准才能真正实施。

深思熟虑后，燮父认为，既然要迁都到晋水畔，那就连国号也一并改成"晋"吧！谁让这个字寓意好呢，不仅符合老祖宗日出而作的习惯，还有进取上进的意思。于是，燮父上书周天子，申请将都城迁到晋水畔，并把国号"唐"改为"晋"。

很快红头文件下来了，周天子批准唐国改为晋国，唐伯也到晋地做了晋侯。这件事情记录在一件传世的青铜簋上，3000年后的我们看着这些铭文，是不是也能领会到文件的真谛呢？

铭文：觊（jué）公作妻姚簋，遹于王命，易（唐）伯侯于晋，唯王廿又八祀。

释义：觊公所作簋，正值周王封唐伯燮父到晋地为侯的大事，这一年正是周王二十八年。此铭文是有关晋国早期分封的珍贵史料。

编钟里的晋献侯

晋献侯是晋国的第七位国君,史籍中关于他的记载少之又少。只有"司徒生献侯稣""献侯十一年卒"等寥寥数字,他一生的功过我们无从考证。直到晋侯稣钟的面世,才使得晋献侯的形象逐渐丰满起来。

晋侯稣钟由两组 16 枚组成,每组 8 枚,大小成编,测音和谐。每件钟正面凸起的位置,都有用利器錾(zùn)刻上去的铭文,共 355 字。这套并不怎么抢眼的编钟,它们前世今生的故事却能动人心魄。

1992 年 8 月,一群不法分子对晋侯墓地晋献侯的墓葬进行了盗扰,许多珍贵无比的青铜器被盗卖。不久,14 件编钟出现在了香港的古玩市场。由于编钟上的铭文是錾刻的,而西周时期铭文多为铸造,所以当地的一些博物馆和收藏家都不敢轻易出手,但它们依然有流失海外的风险。

万幸的是,时任上海博物馆馆长的马承源先生,在香

港中文大学张光裕教授那里得到一条信息——香港文物市场上有一套14件的编钟。马承源凭他多年研究青铜器的经验，通过对文物照片和铭文的仔细观察和辨认，根据仅有的资料，断定是真品。于是，他毅然决定抢救回沪，将晋侯编钟重金购回。

晋献侯的墓葬被盗扰后，考古人员对其进行了抢救性发掘，出土了两件刻有铭文的钟，与马承源先生抢救回来的14件编钟上的文字首尾相连，证明了这是一套完整的编钟。

　　这套编钟上355字的长篇铭文，记录了周某王三十三年，晋献侯稣跟随周天子征伐东方和南方的小国。晋献侯英勇作战、奋勇杀敌，取得了斩首480人、俘虏114人的卓著战功。周天子对晋献侯大加赞赏，战争结束后，举行了隆重的封赏仪式，在12天内对晋献侯进行了两次封赏。晋献侯专门做编钟纪念此事，以宣扬天子的恩德，并希望子子孙孙以此为荣，传承下去。

　　晋侯稣钟上的百余字铭文让我们依稀看到，晋献侯手持长戈，驰骋沙场，奋力杀敌的英勇和无畏，展现了晋献侯征伐四方、拓展疆域、捍卫王室的责任和担当。

　　晋侯稣钟铭文是新中国成立以来出土的西周青铜器铭文中最长的一篇，填补了史料中缺载的历史，是晋国保卫周天子，捍卫周王室的铁证。

随心所欲的奇葩老爸

名字是人的第一张名片，也是认识一个人的第一符号。所以自古以来中国人对于起名都是慎之又慎。但凡事都有例外，晋国的晋穆侯就是一个奇葩……

公元前807年，晋穆侯讨伐一个叫条戎的部族，吃了败仗，心情那叫一个差。正好这一年，夫人给他诞下一子，无处发泄怒火的晋穆侯一气之下给娃取了个不吉利的名字"仇"，晋穆侯真不怕孩子长大了埋怨他啊！

三年后，养精蓄锐的晋穆侯发兵讨伐一个叫千亩的地方，这一次大获全胜。晋穆侯高兴极了，恨不得将官员的工资都普调一档。就在此时，夫人生下了第二个儿子。听到这个消息，晋穆侯想也没想就给娃取了一个霸气十足的名字"成师"。瞅瞅这爹给娃起名全靠即兴，也不怕兄弟俩长大以后打起来。

嫡长子继承制下，这样起名字是很不合礼制的。晋国大夫师服就预言："这样起名是违背常理的，太子名字寓意仇恨，少子名字却寓意成功之师。名字是一个人的符号，现在名字和身份完全相反，指不定以后晋国因为这个有啥祸事呢。"

这两个名字到底有没有引起晋国朝政的动乱呢？师服的预言会发生吗？这个答案，请在其他晋国故事里去寻找。

周王室的护航者

公元前785年，在位27年的晋穆侯去世了。按照礼制，下一任晋国国君应是太子仇，但穆侯的弟弟，也就是仇的叔叔殇叔不讲武德，居然和自己的亲侄子明抢，当上了晋国国君，大侄子也被他赶跑了。但是仇并没有就此善罢甘休，而是积蓄力量、韬光养晦。四年之后，仇带着自己的亲信攻入晋都，杀死殇叔，夺回君位，史称晋文侯。殇叔的叛乱虽然被平定了，但却将封建礼制的华丽外袍撕开了一个口子。从此以后，王室、诸侯的地位被频频挑衅、觊觎……

此时，周幽王沉迷酒色，亲小人，远贤臣，甚至为了宠妃褒姒，废掉王后和太子宜臼，改立褒姒的儿子伯服为太子，惹怒王后的娘家申国。为博褒姒一笑，周幽王烽火戏诸侯，上演了古装版"狼来了"的故事，使诸侯离心。最终申侯联合缯国、犬戎攻入国都镐京，杀死了周幽王。

值此生死存亡之际，晋文侯与郑武公、秦襄公合力勤

王，拥立太子宜臼继位，即周平王；而幽王的余党虢石父拥立的却是非正统的余臣，号称周携王。面对此种内忧外患，晋文侯果敢勇毅协助平王迁都洛邑。这一年是公元前771年，中国历史自此进入了东周。20年后晋文侯杀死周携王，结束了周王室二王并立的局面，使周王室重归一统。

平王感念文侯匡扶王室、再造周室之大恩，作《文侯之命》大加赞赏，并赐宝物无数。此文收录于儒家经典著作《尚书》中。《国语》更直言"晋文侯于是乎定天子！"

六十七年的生死较量

晋文侯的儿子晋昭侯继位后就做了一件颠覆晋国未来政局的事情,把自己的叔叔成师分封到了曲沃。

曲沃是晋国的繁华之地,比晋昭侯所在的都城翼要大很多。58岁的成师已经在晋国苦心经营多年,不仅得民心而且政治经验丰富,是个职场老人,实力吊打刚刚进入"职场"的晋昭侯。老百姓自然选择跟随成师到曲沃打拼。这时候就有人预言,晋国的动乱要从曲沃开始。

果不其然,昭侯七年(公元前739年),65岁的成师勾结晋国大夫潘父弑杀昭侯。趁着晋国无主,成师率军进攻翼都,长达60多年"小宗代大宗"的战争拉开了帷幕。但成师没想到的是晋人齐心抵抗、奋勇搏杀,成师终是抵挡不住,败退回了曲沃。昭侯的儿子平被拥立为国君,即晋孝侯。

八年后(公元前731年),73岁的成师带着遗憾离世,

他的儿子鱓（shàn）继承爵位，人称曲沃庄伯。子承父志，庄伯继续对大宗翼都发起持续进攻。公元前724年，庄伯杀死孝侯；公元前718年，赶跑鄂侯。若不是周王室极力支持大宗，小宗早就取而代之了。

公元前716年，庄伯忧愤而死，他的儿子称继位，即曲沃武公。武公继承父、祖之志，对翼展开了更大规模的战争，连杀晋哀侯、晋小子侯。翼在周王室的支持下，气息奄奄地苟活着。公元前679年，晋侯缗被杀，武公用宝器贿赂周釐王。周釐王也觉得翼真的是"扶不起来"，于是派虢公册封武公为晋君，史称晋武公。

至此，67年的"曲沃代翼"落下了帷幕，结束内乱、重新安定统一后的晋国进入了一个新的时代……

西周王朝实行宗法制，规定正妻生的大儿子为嫡长子，继承宗主的地位，嫡长子所在的一脉是大宗；正妻生的其他儿子和其他妾生的儿子称余子，相对于大宗来说是小宗。

宁死也要守卫心中的信仰

在曲沃代翼的过程中,发生过这样一件事。

有一次,曲沃武公和晋哀侯各自带领着自己的军队在一个叫陉庭的地方展开了激烈的战斗。曲沃武公的军队士气高涨,作战英勇,不仅取得了战争的胜利,还将晋哀侯和大夫栾共叔都俘虏了。

也不知道曲沃武公有多看不惯晋哀侯,居然让属下韩万将他杀死了,更不知道武公有多喜欢和欣赏栾共叔,竟然十分耐心地劝说拉拢他:"我知道你对晋侯很忠心,但他已经死了,况且你的父亲又是我爷爷的老师,不如你效忠于我吧!到时候我带你去觐见周天子,并且还许给你上卿之位,掌管晋国政务。这可是一人之下万人之上的位置,你觉得怎么样?"说完这些,就胸有成竹地等着栾共叔给自己一个满意的答复。

没想到,栾共叔不仅没有被高官厚禄所诱惑,还很

有气节地说："我只听说过人能够在世上活着靠的就是父亲、师长和国君，那就必须始终如一地侍奉、忠诚于他们。父亲是给了我生命，抚育我成长的人，没有父亲就没有我。师长教诲我成为一个坚韧、忠诚、不屈的人，没有师长，我就不知道家族的历史和肩上的责任。国君是给我食禄的人，让我的所学所知得到了发挥，人生的价值得到了体现。他们每一个人，我都必须一心一意地对待。只要是他们的事，就必须拼尽力气哪怕付出生命也要去做，才能报答他们的养育、惠赐和认可之恩，这是我所学到的做人的道理。你现在让我违背这些，不要为国君尽忠，如果我是那样的人又怎么能对你效忠？再说我如果到曲沃侍奉你，我还是一个忠诚的人吗？既然不是，对你来说也就没用了！"说完这些，栾共叔就为了心中的信仰从容赴死了。

强干弱枝固君权

晋武公去世后，晋献公继位。献公的先辈们在位时，过度重用同姓的宗族，致使他们的势力越来越大，大到晋献公都感觉自己国君的地位有点危险了。晋献公决定先下手为强，剪除同姓贵族的势力。

这一天，他叫来自己的亲信士蔿，心情沉重地说："从小我就目睹了亲族之间的战争，现在我的那些宗族势力越来越大，如果现在不采取措施，迟早是一场大祸。我看你做事思虑周到，你帮我筹划这件事吧。"士蔿想了一会儿说："擒贼先擒王，您的这些宗族中，有个叫富子的人很有智谋，且又懂得权术，应该是个领头的，就从富子入手，您说呢？"晋献公说："你看着办吧！"

于是士蔿就和富子跟前的那些公子们套近乎，在取得了信任之后就在他们跟前说富子的坏话，慢慢地，这些人不仅对富子有了芥蒂，甚至想要除掉富子。士蔿觉得时机到了，就伙同他们将富子赶跑了。

取得了第一阶段的胜利后，士蒍将工作进展情况向晋献公做了汇报，并承诺在两年内解除晋献公的后顾之忧。晋献公大为赞赏，让他放心大胆地去做。

士蒍故技重施，除掉了势力较大的游氏全族。在晋献公的支持下，士蒍修筑了一座城邑，对公子们说是晋献公对他们的犒劳，公子们于是高高兴兴地搬到了新城里居住。等到时机成熟，晋献公发兵包围新城，将公子们全部杀死了。至此，晋献公的心头大患被彻底铲除了。

国无公族

公族是我国先秦时期的一个特有概念，它指一个国家国君的同族。在政治上，公族同样具有国君的继承权，因而对国君具有一定的威胁。不同国家处理公族的方式不同，晋国采取的是国无公族政策。晋献公派人设计诛杀了威胁最大的几家公族，其余公族都逃到了国外，晋国公室解除了公族的威胁，史称国无公族。

晋文公继位后进一步规定只有太子才能留在国内，其他公子成年后必须到国外，晋国的同姓公族势力彻底消失。

漫话晋国 | MAN HUA JINGUO

贪心的代价

虢国是周天子跟前的"红人",仗着这层关系,曾经屡次打着周天子的旗号,率领诸侯联军讨伐晋献公的爷爷、爸爸。

晋献公继位后,就想要一雪前耻,发兵攻打虢国,但必须搞定两国之间的虞国。于是,晋献公便叫来大夫荀息一起想办法,荀息思考了一会儿说:"虞国的国君是一个目光短浅、贪图小利的人,我们用晋国的宝物——屈地产的宝马和垂棘产的美玉,贿赂虞国国君应该就可以借道了。"晋献公说:"你别忘了,虞国还有一个忠臣宫之奇呢。"荀息胸有成竹地说:"宫之奇虽是忠臣,但虞国国君不会听他的。您放心吧。我一定圆满完成任务。"晋献公看荀息很有把握,就将借道的任务交给了他。

到了虢国,荀息先是向虞国国君献上了晋国的美玉和宝马,希望虞国能借道给晋国,让晋国去收拾这个欺负弱小、残暴不仁的虢国。虞国国君十分感动,不仅答应借道还自告奋勇要打头阵。宫之奇眼看虞国国君掉入了荀息的圈套中，赶忙进言："君上呀，晋国是大国，和它做邻居本来就很危险，幸好有虢国和我们做伴，咱们两个国家的关系就好比牙齿和嘴唇，

如果没有了嘴唇，牙齿就会感到寒冷，这就是'唇亡齿寒'啊。如果虢国被晋国灭了，下一个被灭的就是我们虞国了……"虞国国君根本听不进去宫之奇的谏言，坚持给晋国借道。

于是，在虞国国君的鼎力支持下，晋国很快就攻下了虢国的下阳邑，将虢国的半壁江山收入囊中。后来，晋国又一次向虞国借道，这次攻下了虢国的上阳邑，虢国从此就灭亡了。在晋国军队班师回国的路上，顺手将虞国也给灭了，虞国国君十分后悔不听宫之奇的话，但为时已晚。

除了唇亡齿寒，你还能在这个故事中发现什么成语呢？

这个女人有点毒

晋献公的一生是辉煌的,晋国的疆域版图在他统治时期得到了大规模的拓展。

但英雄难过美人关。公元前672年,晋献公发兵攻打一个叫骊戎的部族,大获全胜,还俘获了两位美人——骊姬和少姬。晋献公十分宠爱她们,不顾群臣反对,坚持立骊姬为国君夫人,甚至萌生了废除太子申生,改立骊姬的儿子奚齐为太子的想法。

为了促成这件事,骊姬也是煞费苦心,连兵法都用上了。

第一步是蜜蜂计。骊姬先是在头发上涂蜂蜜招来蜜蜂,然后假装与太子申生偶遇。申生不知是计,忙上去帮助骊姬拍打蜜蜂,但躲在一旁的晋献公看来,申生是对庶母大不敬。

第二步是离间计。骊姬撺掇晋献公让太子申生驻守曲沃，公子重耳、夷吾都到地方上守城。太子远离绛都，远离朝堂，这样父子之间慢慢就疏远了。

第三步是胙肉计。骊姬趁晋献公外出打猎的机会，对申生说："我儿申生，昨天晚上你的父亲梦到了你的母亲，你速速去曲沃宗庙祭祀，然后将祭品胙肉带回献给父亲，使他安心。"申生听了这些，不疑是计，赶紧去曲沃祭祀母亲，并将胙肉带回送入宫中。骊姬按捺不住心中的喜悦与紧张，偷偷命人将毒药放入肉中，等待晋献公回来实施下一步计划。打猎归来的晋献公，听说申生送来了胙肉有所动容，骊姬献上胙肉，晋献公先以胙肉祭地，以告慰神灵。可怕的一幕就这样发生了，胙肉掉到地面，地上鼓了个大包，骊姬故作惊恐，赶忙给狗吃了一点，结果狗死了，又让小臣吃了一点，小臣也死了。

骊姬伏倒在地，哭泣不已："申生一定是迫不及待想做国君了，才会在胙肉中下毒谋害自己的亲生父亲。"晋献公大怒，申生听到消息后在封地曲沃自缢身亡。

漫话晋国

MAN HUA
JINGUO

无计可施的忠义之士

骊姬把晋国朝堂搅得乌烟瘴气，太子申生被逼死，公子重耳、夷吾也被逼流亡他国。作为一国之君的晋献公丝毫不在意政局的动荡，一味地宠爱骊姬姐妹，纵容她们兴风作浪。大臣们怨声载道，却也无计可施。

公元前651年，晋献公病重。他十分清楚晋国朝堂动荡，在外流亡的公子们随时会反杀回来，他死之后，骊姬母子该如何自保！于是，为保骊姬母子未来高枕无忧，他叫来荀息，将骊姬的儿子奚齐托付给他。荀息跪在献公榻前，发誓以性命担保骊姬母子周全。

晋献公去世后，荀息扶立奚齐继位为国君。大夫里克带着长久压抑的不满情绪率领自己的亲信，将新君奚齐杀死在晋献公的灵前。荀息无奈，又迅速扶立少姬的儿子卓子为新君，不肯罢休的里克又将卓子杀死在朝堂，并把祸乱晋国朝堂20余年的骊姬也鞭杀了。

面对这种情景，忠心耿耿的荀息自知无法兑现自己的承诺，于是以死明志，告慰先君。

出尔反尔的"老赖"国君

晋国庙堂无主,急坏了朝中大臣,也让秦、齐等国看到了控制晋国的机会,下任晋国新君成了当下"国际热点"。

在梁国流亡的晋公子夷吾听说此种状况,迫不及待地拉拢国内外力量扶持自己上位。为取得秦国支持,承诺事成之后将晋国在黄河以西和以南的五座城池割让给秦国;同时,又向晋国国内大臣里克、丕郑许下了赐良田百万亩和70万亩的承诺。

公元前650年,在周、秦、齐军队的护送下,夷吾回国即位,史称晋惠公。这位国君真是一朝权在手,承诺全作废。

惠公回国后,找到里克对他说:"如果没有你的支持,寡人肯定当不了国君,但你毕竟杀了两位国君,想到这些,寡人寝食难安啊!"里克听完立刻明白了惠公的意图，缓缓说道："欲加之罪，何患无辞，我知道该怎么做了。"说罢拔剑自刎。

之后，惠公又派丕郑到秦国向秦穆公表达河外五城不能给了，穆公大怒："你们怎么能言而无信呢！"

"并不是我们君上不守信用，是大臣们都说河外五城是先君的土地，一个流亡公子凭什么把它们割让给秦国呢！"

秦国吃了哑巴亏，但也无可奈何。

公元前647年，晋国发生旱灾，国内闹饥荒，派人去秦国借粮。事关重大，秦国朝堂召开紧急会议。秦穆公对晋惠公的言而无信记恨在心，并不想给予帮助，但大夫百里奚认为饥荒乃天灾，救灾是正道，应该开仓输粮缓解晋国灾情。后来，在秦国的援助下晋国战胜灾情。

天有不测风云，第二年秦国也发生了旱灾，秦国派人向晋国借粮。许多大夫都认为这是理所应当之事，但大夫虢射跟晋惠公说："君上，有句话叫皮之不存，毛将焉附，河外之地您承诺割让给秦国却没给，就已经得罪了秦国，现在即使您借粮，也消除不了这场仇恨，不如不给。"晋惠公听从了虢射的话，不仅没有借粮，还幸灾乐祸。

新仇旧恨彻底惹恼了秦国。公元前645年，秦国从旱灾中恢复元气后，举大军讨伐晋国，将士们负气而来连破晋军，晋国形势十分危急。

晋惠公决定亲自迎战，他命人用郑国进贡的高大强壮的战马驾车。大夫庆郑劝阻说："古人出征，一定用本国的马匹。因为它服本国的水土，听从本国人使唤，熟悉本国的道路，指挥起来会得心应手。而郑国的马，虽貌似强壮，但外强中干，特别容易紧张，如果在战场上不受控制，后果将不堪设想。"

一意孤行的晋惠公不听建议，在战场上，那些马匹果真受到惊吓，到处乱跑，使晋惠公的车驾陷进了淤泥中。秦军趁机围上来，俘虏了晋惠公。

惠公被俘，秦国拿到了五座城池，真是自作孽不可活！

这个故事包含了几个成语典故？大家一起来找找吧！

漫话晋国

MAN HUA
JINGUO

披着政治外衣的两国联姻

晋国和秦国是邻居，不仅交往多，还是姻亲关系。为了各自的利益，公元前655年，秦穆公向晋献公求亲，晋献公将女儿嫁给他，人称穆姬，开启了秦晋两国的联姻传统。

穆姬婚后不忘娘家的养育之恩，在晋惠公韩原之战被俘虏到秦国后，为了让自己的弟弟尽快回国，跑到秦穆公跟前一哭二闹三上吊。穆公不得已只能放回惠公，但条件是要晋国兑现承诺，割让河外五城。

晋惠公回国后，为了拿回河外五城，将太子圉送到秦国做人质。秦穆公为控制太子圉，把女儿怀嬴嫁给他。公元前637年，惠公病重，太子圉怕君位旁落，偷偷逃回晋国继位，这就是历史上的晋怀公。

秦穆公记恨怀公不辞而别，想废掉他另立晋君，听说晋公子重耳流亡到楚国，于是便将他接到秦国，还将

漫话晋国

MAN HUA
JINGUO

宗室的五个女子都许给了重耳，其中就有怀嬴。重耳是怀公的伯伯，认为此举有悖人伦纲常，不愿接受。但重耳的老师胥臣说："大丈夫做事要不拘小节，您接受怀嬴不是为自己，而是要取得秦国的支持，不然您何时才能回国即位呢？"重耳听闻，不得不接受。

秦晋之好指秦晋两个大国因为政治目的多次联姻，后世以秦晋之好代指两姓结亲，传为佳话。

成就重耳的齐国奇女子

由于骊姬之乱，重耳一行人在列国流亡。历经磨难辗转来到了东方大国——齐国。这时的齐国国君是齐桓公，他任用管仲、鲍叔牙等人，使齐国国力大增，成为第一个称霸中原的诸侯国。胸怀抱负的重耳等人，希望借助齐国的力量能有一番作为。

齐桓公不仅接待了重耳等人，还将宗室女嫁给了重耳做夫人，另赠送了马车 20 辆，重耳心中不胜感激，就这样留在了齐国。不久齐桓公去世了，齐国陷入了混乱。

重耳的随从们看着齐国的局势，想着要有一番作为在齐国怕是无法实现了，想劝重耳离开齐国，另谋出路。但重耳在齐国夫妻和睦，生活如意，十分不愿意离开。

无计可施的几个人便跑到远处的一棵大桑树下商量对策，不巧的是桑树上有个侍女听到了他们的对话。侍女将他们的密谋悄悄告诉了重耳的夫人齐姜。齐姜是个目光远大、聪明睿智的女子,希望自己的丈夫能有一番作为,于是将侍女杀死,并对失去斗志的重耳说:"大丈夫应有四方之志,切莫贪图享乐,要成就一番大业。告密的人已经被我杀了。"重耳奇怪地说:"你说的是完全没有的事。"齐姜说:"走吧,不要贪图安乐,那样会耽误你的前途的。"重耳态度坚决,就是不肯离开。

于是,齐姜就和重耳的舅舅狐偃商量对策。他们邀重耳饮酒,重耳不知是计,欣然答应,结果一醉不醒。随从们收拾行囊,将醉酒的重耳带上马车,离开了齐国,踏上了追寻梦想的路途。

漫话晋国

MAN HUA
JINGUO

流亡路上的患难真情

晋公子重耳流亡期间有众多贤士相随，他们奔波劳累、风餐露宿，为保重耳一路平安尽心尽力，在途经卫国的时候，发生了这样一件事情。

因为逃亡队伍人数比较多，为了能分配好物资和财物，需要一个专职会计负责相关事宜，于是就安排了一个叫头须的人管理钱财。或许是见财起意，或许是长期的逃亡和颠沛流离让头须看不到希望，在一个月黑风高的夜晚，头须带着所有的盘缠悄悄离开。一觉醒来，重耳从落魄的公子变成了身无分文的穷光蛋，甚至到了向路人乞讨还要被奚落的地步。

就这样苦苦挨了几天，没受过这种苦难的重耳已经饿得连路都走不动了，随从们焦急万分，但在这前不着村后不着店的荒凉之地也找不到其他救命的办法。

在这穷途末路之时，有一个叫介子推的随从，背着

漫话晋国

MAN HUA
JINGUO

大家悄悄从自己的大腿上割下一块肉熬成肉汤，然后装作没事的样子，端给了奄奄一息的重耳。重耳看到能救命的肉汤，想也没想就喝了。

重耳清醒之后，才想起来这荒郊野岭哪来的肉，于是叫了手下人打听，大家拗不过重耳的盘问，说出了实情。重耳这才知道原委，感动得说不出话来，便在心中默默发下誓言：介子推之心日月可鉴，日后绝不相负。

这就是介子推割股奉君的故事。

好奇心爆棚的曹共公

穷困潦倒的重耳等人流亡到了曹国,曹国的国君曹共公看不上这群流亡而来的人,态度很冷漠。但听说重耳的肋骨和常人长得不一样,排列得更加密实,就像一整块骨头一样,他的好奇心早就爆棚了。于是,趁重耳沐浴时,曹共公偷偷溜进房间,撩开帘子准备偷看,可能兴奋得有点过头了,在偷看的时候被重耳发现了。要知道在那个"身体发肤受之父母不能损毁"的时代,这对重耳来说,是奇耻大辱啊。重耳气愤极了,收拾东西就准备离开。

曹国大夫僖负羁是一个有远见的人,他仔细观察重耳等人,虽然落魄,但言行举止有礼、有度,绝非庸碌之辈,若他日回到晋国,定能登上君位,而曾经对他无礼的国家也会受到惩罚,曹国也将自食其果。于是,僖负羁带了食盒馈赠给重耳等人,重耳接过食盒发现盒下藏着一块玉璧。但是,他只留下了食盒,送还了玉璧。

后来，重耳即位为晋国国君后，与曹国发生战争，并俘虏了曹共公，报了当年受辱之仇，但下令不准士兵惊扰僖负羁一家，报答了他当年的一饭之恩。

漫话晋国 | MAN HUA JINGUO

退避三舍的许诺

重耳流亡期间也曾来到被称为蛮夷之地的楚国。楚成王是个有政治眼光的君王，他早就听说晋公子重耳和一些贤能之士受骊姬迫害结伴流亡，十分欣赏和佩服这些人的勇气和志向，决定以诸侯之礼接待重耳。重耳十分感激但不敢接受如此高规格的待遇，随行的赵衰劝他说："您在外流亡十多年了，多少小国轻视我们，现在楚国这样的大国厚待您，是上天要重用您了。"于是，重耳诚惶诚恐地接受了这份重礼。

这天在宴会上，楚成王笑着问重耳："如果公子将来回到晋国即国君之位，将会如何报答我对你的厚待呢？"重耳苦笑着说："回不回得去还不知道，即便能回去，珍禽异兽、珠玉绸绢，楚国已有很多了，我还能用什么报答您呢？"成王哈哈大笑："即便如此，你总得有所表示吧！"重耳想了想回答道："若我真能回到晋国，假使有一日，不得已与楚国兵戎相见，我将退避三舍报答您的礼遇。"楚成王满意地点了点头。

一旁的楚国大将子玉听了这番对话非常生气，对成王说："君上您对公子重耳太好了，他才会出言不逊，难道真等他将来和楚国对阵沙场吗！还不如现在就把他杀了。"成王说："晋公子虽在外流亡十多年，但他抱负不减，随从们也都是国之栋梁，这是老天要成就他，如果杀了他，会违背天意的。"

回国的"最后一公里"

秦穆公听说晋公子重耳流亡到了楚国,于是就邀请重耳来秦国做客,重耳一行人考虑到秦国是晋国的邻国,回国更方便一些,于是便打包行李来到了秦国。

秦穆公为了笼络重耳,把控下一任晋国国君,给他许配了五个媳妇,其中包括自己的女儿怀嬴,秦穆公则成了重耳的老丈人。但日子一天天过去,秦穆公却迟迟不提助重耳返回晋国的事。在一次宴会上,重耳让赵衰借吟唱《黍苗》来表达思乡之情,秦穆公深得其意,笑着说:"知道了,会尽快帮助你们回到晋国的。"重耳和赵衰拜谢秦穆公并说:"孤苦无依的我们依仗您,就如同百谷盼望知时节的好雨。"

公元前636年的一月,秦穆公派重兵护送重耳返回晋国。

在黄河岸边,重耳的舅舅狐偃对重耳说:"我跟随

漫话晋国

MAN HUA
JINGUO

您流亡也有19年之久了,其间虽有些功劳,但也有太多的过错,我心里都清楚。现在您马上就要回国当国君,我的使命也完成了,不如就让我离开吧。"重耳拉着舅舅的手说:"这19年来,我与舅舅生死相依、患难与共,眼看就要回到晋国了,您怎么能离开呢。您放心,今后我们还是一条心,一起干大事。如若不信就请河伯作证!"说完,重耳把佩戴的玉璧扔到了黄河里,狐偃十分感动,和他一起回到了晋国。

《黍苗》是《诗经·小雅·鱼藻之什》中的一篇。诗句中有"我行既集,盖云归哉""我行既集,盖云归处",意思分别是"我的出行任务已经完成了,何不今日回家走""我的出行任务已经完成了,何不今日回家去"。这两句诗表达了重耳一行强烈的回家愿望,让秦穆公感同身受。

听人劝的晋文公

重耳在外逃往 19 年，终于回到晋国继任国君，史称晋文公。

这时国内的政敌吕甥、郤芮对晋文公怀恨在心，密谋火烧文公居住的宫殿，以烧死文公。

好巧不巧的是，这个消息被曾经追杀过重耳的寺人披无意间听到了，他马上就明白这是个可以救自己命的消息。于是，他连忙去拜见晋文公，晋文公听到寺人披这个名字就气不打一处来，更别说见他了，于是让人传话："当初我逃到蒲城，我爹晋献公让你追杀我，幸而你只砍到了我的衣袖；后来我弟弟晋惠公又让你来杀我，让你三天到，你一天就到了，但我命大。你还有什么脸来见我！"寺人披跪在地上说："晋献公和晋惠公都是我的主人，我必须对他们忠诚，这才得罪了您。现在您是国君，有朝一日碰到同样的事情，我也会听命而为。您也到过齐国，管仲射中齐桓公带钩，桓公都能委以重任，才得以称霸。今天我拜见您，是想告诉您有人想害您，您却拒而不见。"

晋文公听到此话，立即召见了他，寺人披便把吕甥、郤芮密谋的事情一五一十地都汇报给了晋文公。晋文公为确保万无一失，乔装打扮偷偷潜出宫与秦穆公汇合商议对策。

一切准备就绪，就等逆贼们自投罗网，果不其然，他们烧毁了文公居住的宫殿，但却未发现文公尸首。这时，文公的军队突然向他们发起进攻，吕甥、郤芮的党徒仓皇逃跑途中被秦穆公的军队杀死，晋国终于恢复了平静。

因为寺人披的进言，晋文公才躲过这一劫，事情平息之后，文公也没有忘记寺人披的功劳，重新任用他，后来寺人披还因为工作认真，升官做了原邑的城守。

漫话晋国

MAN HUA
JINGUO

不一样的"游街示众"

还记得晋文公流亡期间曾经卷款回国的头须吗？他听说晋文公原谅了寺人披曾经的罪过，也想请求文公饶恕他。

但头须是个聪明的人，他请求拜见晋文公，说他可以使晋国的老百姓安心归附君上。晋文公听了之后，不禁冷笑一声："他是不是忘记了携款逃跑，让我们差点饿死的事了？一个不忠不义的人，让他走。"头须听了这话，也不辩解，只是问侍从："君上在洗头发吗？"侍从说："并没有。"头须沉着冷静地说："小人听说洗头的时候，头朝下，心就朝上了，心翻过来了，那说出来的话也是不合时宜的。既然今天君上没有洗头，怎么说出了这样的话呢？"侍从没有理会他，回到了宫中。

不愧是跟随过晋文公的人，果然了解文公的脾气。当侍从把头须说的那些话汇报给晋文公后，晋文公马上就召见了他："你有什么办法安定百姓，稳定国家？"

漫话晋国

MAN HUA JINGUO

头须胸有成竹地说:"您离开晋国太长时间了,老百姓不能完全信任您,您心里肯定明镜似的。"文公迫不及待地说:"接着说。"

"小人曾经偷走钱财,把您扔在荒郊野岭,天下人都知道我的罪过之大。"头须不紧不慢地说着。文公这会儿有点不耐烦了,说:"你说点我不知道的行不!"头须说:"您别着急啊,如果像我这样的罪人,您都能原谅,而且还一起坐着马车在街上溜达,老百姓看到您的胸襟,还有谁会心里不踏实呢。"文公听到这里,心中豁然开朗。

随后,晋文公和头须乘坐同一辆马车游走在晋国的大街上,老百姓看到后纷纷议论说:"君上真是了不起,连头须都能容下,那我们还有什么顾虑呢。"经此一游,晋国国内人心归附,一片祥和安乐。

一把火烧出来的节日

晋文公继位后，对有功之臣大加封赏，但他是一个有原则的人，不是论亲疏远近，而是论功行赏。在晋国忙着封赏的时候，周王室发生了内乱，向各国求援。晋文公决定暂缓封赏，全力帮助周王室平乱，这便引起了一些人的误会，他们以为晋文公忘记了曾经割股奉君的介子推，赏赐功臣压根没有介子推的事。于是，他们奋笔疾书写下了"龙欲上天，五蛇为辅。龙已升云，四蛇各入其宇，一蛇独怨，终不见处所"，并把这首歌谣悬挂在了宫门上，让天下人都来看晋文公的忘恩负义。

晋文公勤王归来后听说了此事，下令封赏介子推。但是介子推拒不受封，他说："晋献公有那么多儿子，现在只剩下文公一个，那是老天爷没打算让晋国灭绝。既然上天已经安排好了，跟随文公流亡就是顺应天意，而不应邀功受赏。如果非说是自己的贡献，那就是贪天之功。"

介子推的母亲也劝他接受封赏，但看他态度坚决，决定和他一起隐居山林。于是，介子推连夜背着老母亲躲进了绵山。晋文公赶紧派人去找，却怎么也找不到。情急之下，有人出主意："介子推很孝顺，我们如若放火烧山，他一定会背着母亲出山的。"大火烧了三天三夜，仍不见介子推母子出山，文公派人进山寻找，才看到他与老母亲已葬身火海。晋文公十分痛心，下令将绵山作为他的祭田，以后介子推的忌日，全国禁止生火，只吃冷食，以示纪念。

从此之后，介子推忌日这一天全国禁烟火、吃冷食以缅怀其忠义。这就是介子推与寒食节的故事。

漫话晋国

MAN HUA
JINGUO

该出手时就出手

晋文公即位后,大力改革内政,鼓励发展工商,招贤纳士,誓要将晋国打造成一个安定团结、军力强盛的大国。然而就在晋文公准备放开手脚大干一场时,周王室却发生了内乱。

公元前 636 年,周襄王的弟弟太叔带联合狄人攻打王都洛邑。周襄王不敌,狼狈地逃到了郑国的汜城,不得不向各诸侯国发出求救信号。齐、宋、陈、郑等国收到后,纷纷派人前往慰问,但却没有一国愿意伸出援手。

晋文公收到消息后也有些左右为难,晋国政局尚不稳定,如果出兵,恐有动荡。

于是,晋文公找来大臣们商量。

大臣狐偃说:"我们晋国长期以来偏居一隅,在诸侯中没有威信。如果想获得诸侯们的拥护,在'国际'上扬

名立万，这次勤王就是一个很好的机会，千万不能错过。"

晋文公听后，坚定了勤王的决心，特命人占卜，选定良辰吉日，校场点兵，东进勤王。晋军驻扎在阳樊（今河南省济源市承留镇曲阳村），兵分两路。左路军到郑国迎接周襄王，护送他回到了国都洛邑；右路军以重兵包围温邑（今河南省温县西南），活捉太叔带，并在隰城（今河南省武陟县北郭镇）将其杀死，解除了襄王的后顾之忧。

周襄王大摆宴席，慰劳晋文公，赏赐了很多黄金和绸缎，并将王都附近的八座城池送给了晋国，晋国从此在洛阳王城附近也有了自己的土地。

这次勤王，晋文公以迅雷不及掩耳之势速战速决，赢得了周天子的认可和支持，同时在各诸侯国中也引起了极大的震动，为日后晋国称霸中原奠定了坚实的基础。

取信于民是上上策

晋文公得到周襄王赏赐的城池后,委派了几位心腹前去接收,其他城池都顺利地归附了晋国,只有在原城(今河南省济源市庙街村西南),遇上了麻烦。

原城是诸侯原伯贯的封地,他不想归顺晋国,就煽动原城的百姓说:"晋国军队非常残暴,不久前攻陷了阳樊,进行了屠城,大人小孩一个不留。现在阳樊城里,依然尸横遍野,血流成河。"原城百姓信以为真,他们决心誓死坚守,与"残暴"的晋军拼个你死我活。

晋文公根据事先掌握的信息,预先就分析出接收原城会有麻烦,为防生变,他与大臣赵衰一同前往。虽然预料到原伯贯不会轻易地交出土地,但着实没想到眼前的对抗局面竟然如此激烈。晋文公大为恼火,这分明是不给周天子面子!可恼归恼,冷静下来后,他还是决定攻心为上,让原城百姓从心底臣服晋国。

于是,晋文公给包围原城的晋军下了一道命令:以

10天为限，攻下原城！如果逾期不克，即刻撤军，决不食言！为表示自己确无杀伐之意，晋文公派人向城里喊话："我军只准备了10天的粮草，10天攻城不下，立即撤兵，绝不伤害无辜！"

10天很快过去了，晋军攻势猛烈，但原城军民同仇敌忾，坚守如故。

第10天晚上，一个安插在原城的晋国密探，趁夜色逃出城，向晋文公密报："守城的将士已经坚持不住，不出三天原城必将不攻自破。"

不少将领闻讯后纷纷向晋文公建议："原城已经力尽粮绝，现在撤军实在可惜，请国君宽限几日，必能破城！"

但晋文公坚持撤军，"攻城前，寡人已经下过军令，10天为限，如果不能攻克原城，那是天意。我将信守承诺，立刻撤军！"

将领们很不以为然，有人忍不住说道："现在已经

不需要攻城了，若再围困几日就可轻而易举拿下原城，国君何必错失良机呢？"

面对疑惑的将领们,晋文公语重心长地说:"我们不能只看到一座城的得失。信用,才是治国的利器、安民的法宝。一个国家国君遵守信用,老百姓才会有安全感。这次攻打原城,众所周知,寡人以10天为限。如果现在不撤军,就是让我失信于全军、失信于百姓、失信于天下啊!若是为了原地一座城池,让寡人失去信用,那寡人以后该如何面对全国的百姓?"

说罢,晋文公传令全营,准时撤军。

晋军解除了对原城的包围,撤退了30里。

原城的百姓这才相信晋文公是个仁义的国君,为了守信用,宁可舍弃即将被攻破的城池而退兵。大家奔走相告:"有晋文公这样值得信赖的国君,我们为什么不归附呢?"

国无信不立,晋文公伐原示信的故事告诉我们:守信重诺,是处世立身、成就事业的基石,是取信于人的良策,是维系社会公平公正和健康发展的根本,历来被人们推崇。

不打无准备之战

春秋前期,楚国国力强盛,不断向中原地区扩张势力,曹、卫、陈、蔡、郑等国都倒向了它。只有宋国不畏楚国,亲近晋国。楚成王非常恼怒,他命大将子玉统帅三军,包围了宋国的都城商丘。宋国大夫公孙固到晋国求援。晋国南下救援宋国,与楚军在城濮对峙。

当时,楚国集结了陈、蔡等仆从国,军力远胜晋国。晋文公对战争前景十分忧虑,于是召集群臣商议对策。

狐偃说:"打吧!打了胜仗,一定会得到诸侯拥戴。如果打不赢,晋国表里山河,必定不会受什么损害。"

重耳说:"那我们应该制定什么策略迎敌?"

狐偃说:"敌强我弱,我们应该用权宜之计迷惑楚军,然后寻找机会打败它。"晋文公苦思许久,别无良策,准备采用狐偃的方法。

大夫雍季却持反对意见。

雍季说："如果有个人想要捕鱼，就把池塘里的水弄干，这样他当然能捕到池塘里所有的鱼，可等到明年，池塘里就无鱼可捕了。所以臣以为，这样的方法偶尔用一次会取得成功，但并非长久之计。"

"你的话十分有道理，但目前最关键的是打败楚军，救下宋国。寡人没有其他更好的办法，只好用狐偃的计策了。"

晋文公采用狐偃的计策，果然在城濮之战中打败了楚国。回国之后论功行赏，雍季的封赏却在狐偃之上。有人对此提出质疑，晋文公说："狐偃的计策，只能让我们取得一时的优势，而雍季的建议，却能使我们受益几百年。一时之利怎么能比得过一世之利呢？"

这就是竭泽而渔的故事。

漫话晋国
MAN HUA
JINGUO

以少胜多的大战

公元前634年，楚国包围宋国，晋国南下救援。晋文公召集众将领讨论如何行事。

狐偃说："曹国和卫国曾经冷落于您，现在又归附了楚国，我们出兵攻打曹、卫，楚国必定移兵解救，宋国的问题不就解决了吗？"

晋文公听后大喜："伐卫破曹，以解宋围，好主意！"

于是，晋文公重耳集结兵力，灭掉曹国、卫国。楚国大将子玉不得已放弃攻打宋国，率领兵马赶到晋国驻扎的地方，要与晋国开战。

面对来势汹汹的楚军，晋军主帅先轸深入分析双方的形势后，作出了避强击弱、诱敌深入的战术安排。他借口兑现晋文公对楚成王退避三舍的承诺，下令全军后退90里，楚军紧追不舍，双方在城濮对峙。

晋国的上、中、下三军分别对战楚国的左、中、右三军。晋军下军士兵将战马蒙上虎皮，催动战车向楚军右军发起猛烈冲击。楚军见此阵势，战马受到惊吓，阵形变得混乱，战阵崩溃。

晋军上军在战车后面挂满树枝佯装败退，霎时尘土飞扬。楚军不知是计，以为晋军畏惧，于是放松警惕，全力追赶。先轸率领中军拦腰截击，楚军左军进入了晋军的包围圈，大部被歼。子玉一看形势不对，收束中军，退出战场。晋国取得了城濮之战的胜利。

战后，晋文公携胜利之威，在践土举行会盟，周王室及齐、秦、鲁、陈、蔡等国都派人参加。周襄王策命晋文公为侯伯，晋文公成为继齐桓公之后的中原霸主，开启了晋国百年霸业。

历史上第一场伏击战

公元前628年是一个星陨之年。这一年的夏天,郑文公去世,太子子兰继位,称郑穆公。冬天的时候,晋文公去世,太子欢即位,称晋襄公。晋国和郑国这一对盟友同时进入了国丧之中。

偏居西方的秦国国君秦穆公收到郑、晋两国国君相继去世的消息后,觉得图霸中原的时机已到,意欲东进,寻求更大的发展空间。这时,镇守郑国北门的秦国大夫杞子向秦国密报,他已经掌握了郑国都城的北门,只要秦国偷偷派兵过来,里应外合,郑国可以一战而灭。秦穆公大喜,派出大将孟明视、西乞术和白乙丙,率领3万大军,越过晋国国境,去偷袭郑国。

秦国军队浩浩荡荡,一路东进,途中遇到郑国的贩牛商人弦高。他看出秦军想要偷袭郑国的意图,一面派人回国报信,一面冒充郑国使者,宰牛犒劳秦军。秦军以为郑国早有防备,只好放弃攻打郑国,班师回国。

秦军返回途中，经过晋国南境的崤山。而此时晋国国君新丧，秦国竟然没有派人吊唁，这是欺负文公新逝、国内无人，也是对晋国霸主地位的挑衅。晋襄公下令全军着黑色丧服，在崤山设伏。

崤山地势险要，易守难攻，便于伏击。

秦军刚刚进入峡谷，就听到背后鼓声大作，喊杀声震天。只见晋军从天而降，前有堵截，后有追兵。刹那间，火箭"嗖、嗖"飞来，秦军陷入熊熊大火之中。秦军将士有的被烧死，有的被乱箭射死，有的被活活踩死，三员主将被俘，全军覆没。

漫话晋国
MAN HUA JINGUO

　　崤之战是中国历史上第一次有记载的伏击战，它的爆发不是偶然的，而是秦、晋两国战略利益冲突的结果。秦军在崤之战中轻启兵端，孤军深入，千里远袭，遭遇了前所未有的失败。此后百余年间，秦国东进中原之路被晋国遏制，秦穆公不得已向西用兵，独霸西戎。崤之战标志着秦、晋两国关系从此破裂。

不计前仇用人才

春秋时期，晋国有个大夫叫郤芮，因为企图刺杀晋文公被处死，他的儿子郤缺也因此受到连累，被贬回到家乡冀野种地。

郤缺是个乐观的人，并没有因为生活中遭遇不幸就变得消极，平日里他像普通农民一样辛勤种地，农闲的时候就读书学习。郤缺学识、人品俱佳，妻子也是个善良知礼的女人，对他很体贴。

有一天，郤缺在地里除草，妻子为了省去丈夫路上往返的辛苦，就把饭送到了田边。她一边温柔地招呼丈夫过来吃饭，一边把篮子里的饭菜摆出来。郤缺听到妻子召唤，立即走到田边，伸出双手接过妻子捧给他的饭碗，连声道谢。虽然是坐在田边地头，吃的也是再平常不过的农家饭，可是妻子却像招待贵客一样恭恭敬敬，郤缺也像在宴席上一样彬彬有礼。

漫话晋国 MAN HUA JIN GUO

此时胥臣奉晋文公之命正在为晋国寻找人才，这一幕恰巧被他看到。他想，夫妻之间都能做到彼此尊敬，那他们一定是懂礼之人。通过交谈，胥臣还发现郤缺学识渊博，为人踏实忠诚，是个不可多得的人才。

回到都城后,胥臣极力向晋文公推荐郤缺做官。晋文公对他的举动有些不理解,问道:"你为什么要举荐一个罪臣的儿子呢?"

胥臣回答说:"父亲犯了罪,不能说明儿子就不能任用,当年的大禹,不也是罪臣鲧的儿子吗?"

晋文公接受了胥臣的建议,任命郤缺担任下军大夫,当然郤缺也不辱使命,为晋国做出了重要贡献。

如果郤缺没有和妻子之间相互尊敬,晋文公没有博大的胸怀,那么郤缺这一生可能就碌碌无为了。

这就是相敬如宾的故事,是指夫妻之间、邻里之间、朋友之间就像对待客人一样有礼有节。

春秋第一战神的悲壮收场

先轸是春秋时期晋国著名的军事家,他曾辅佐过晋文公、晋襄公两位霸主,在战争中屡出奇策,并以中军将的身份指挥了城濮之战和崤之战,打败了强大的楚国和秦国,可谓战功赫赫。但先轸性格冲动、疾恶如仇,最终为此付出了生命的代价。

公元前628年,秦、晋崤之战中,秦军大败,孟明视、西乞术和白乙丙三名秦军主将也成了晋国的俘虏。

如何处置这三名秦军主将,晋襄公犹豫不决。

晋襄公的嫡母是秦国人,她对晋襄公说:"这三个人是败军之将,秦公对他们恨之入骨。不如放他们回国,让秦公诛杀他们。"晋襄公便答应了。

先轸入朝觐见国君,询问如何处置秦军三帅的事情。

晋襄公说:"母亲代他们说情,我已将他们放回秦国,交由秦君处置。"

先轸大怒道:"将士们拼死作战才俘虏了他们,您却因为妇人的几句巧言就轻易放人,这是纵虎归山,怕是要给晋国招来祸患呀!"先轸越说越气,狠狠啐了一口唾沫,头也不回地离开了。

晋襄公这才意识到自己犯了错,连忙派人追赶,但为时已晚,孟明视三人已渡河归秦。后来,孟明视果然三次率军攻打晋国,证实了先轸当初的判断。

先轸虽是为国献计,但仍因盛怒,对国君无礼,他越想越后悔,可晋襄公非但没有怪罪,反而为自己的行为向他道歉,这让先轸愈发自责,终日寝食难安,夜不能寐。

也是这一年,狄人攻打晋国,晋国出兵抗击。八月,晋军在箕(今山西省临汾市蒲县东北)击败敌军,并俘获一名狄军首领。战后,先轸还为自己先前对国君无礼的行为感到自责,他自言自语道:"我作为一个普通人,

漫话晋国 MAN HUA JIN GUO

在国君面前放肆却没有受到惩罚,自己怎么能不惩罚自己呢?"于是,他脱下头盔冲入狄人的军阵中,以此来惩罚自己冒犯襄公的罪过,最终战死沙场。狄人敬重他的行为,将他的头颅送还晋军。

先轸以死明志,死战报国,他的行为成为后代晋国军人的榜样,激励了一代代晋人奋力拼搏,维系了晋国百年霸业。

翻手为云覆手为雨的赵盾

公元前621年，晋襄公英年早逝。太子夷皋年幼，不足以独立行使国君职权，关于让谁继位，晋国的大臣们展开了激烈的讨论。

正卿赵盾打算拥立在秦国的公子雍继承君位。公子雍是晋襄公的弟弟，他年纪较长，乐善好施，又与秦国交好，拥立他为国君必能巩固晋国的霸业。于是，赵盾派人去秦国迎接公子雍，并请求秦国护送公子雍回国。

这对于秦国来说当然是一个好消息，因为公子雍即位后必然会改善秦晋两国之间的关系。秦康公十分重视这件事，所以他亲自率领大军，浩浩荡荡地向晋国开进。

然而，公子雍还没有回国，晋国国内就生了变数。原来晋国的大臣抵挡不住太子夷皋母亲的苦苦哀求，转而拥护太子继位，是为晋灵公。

此时的赵盾真是头大如斗，是他让秦军护送公子雍回国继位的，但此时晋国新君已立，如果现在派人告知秦国真相，会让秦国认为晋国在戏弄他们，此举必会激怒秦国，甚至有可能进攻晋国。经过反复权衡后，赵盾决定先下手为强，发兵进攻秦军，将公子雍赶回秦国。

于是，赵盾下令晋军训练军队，整顿兵马，然后隐蔽行动，悄悄到达令狐（今山西省临猗县西南）。当时秦军还不知道晋国出兵的消息，正在令狐扎营，毫无戒备。晋军隐蔽待敌，等到深夜对秦军发起了突然攻击，秦军猝不及防，全军大乱，被晋军一路追赶，公子雍趁乱逃回秦国。晋国取得大胜。

可以说，令狐之战的爆发，完全是赵盾权衡个人得失的结果。令狐之战过后，秦国坚定地加入反晋的阵营，此后，秦国开始联合楚国，抵御晋国，秦晋之好的和谐局面不复存在。

晋国最不靠谱的国君

晋灵公幼年时，晋国政事都由赵盾决定，晋国经历了一段难得的平静时期。随着晋灵公逐渐长大，晋国内部矛盾开始显露。灵公对赵盾把持国家军政大事，自己大权旁落的现状十分不满。但他年幼即位，没有经过系统的储君教育，没有可以倚重的忠臣良将，身边聚集的都是一些不得志的、媚上欺下的小人。因此，晋灵公听信谗言，做出了许多荒唐的事情。

晋灵公为了将自己的宫殿装饰得更加奢华，在国家正常的税赋外征收重税，搞得百姓怨声载道。为了取乐，他命人筑了一座高台，在高台上饮酒享受，兴起时用弹弓随意击打街上的行人，看着行人狼狈逃走的样子幸灾乐祸。有一次，他想吃蒸熊掌，厨师做好后他认为熊掌没有蒸熟，就杀死了厨师，并把尸体装在簸箕里，命人扔到外面。这些荒淫无道的行径，让大夫们忍无可忍，赵盾为此极力劝谏，晋灵公阳奉阴违，表面上答应，但屡教不改。

晋灵公在国内恣意妄为的同时，在"国际"事务上也随心所欲做出了不少损害晋国利益和威望的事情，导致诸侯国离心。公元前618年，楚国人看到晋灵公年少，无意于诸侯事务，于是开始北上争夺霸权，并迫使郑国讲和。公元前612年，晋国为帮鲁国讨公道，率领诸侯联军进攻齐国。齐国人私下贿赂晋灵公，灵公见钱眼开，居然同意解散联军，放过了齐国。齐国因此更加猖獗，鲁国只好背弃晋国，私下向齐国靠拢。公元前611年，宋国发生弑君事件，晋国身为霸主自然应该主持公道，但晋灵公收下了宋国新君的贿赂，召回了讨伐部队。郑国看到晋国的行为荒唐，于是主动归附了楚国。因为晋灵公的行为，晋国的霸权开始衰落。

公元前607年，晋灵公和随从们在桃园游玩。赵氏族人赵穿暗藏利刃，在混乱中杀死了晋灵公。一代国君就此结束了自己的一生，他死后，晋国人为他定了一个带有贬义的谥号"灵"，算是对他荒淫无道的一生作出了定论。

漫话晋国

MAN HUA JINGUO

有骨气的史官

晋灵公是个十分任性妄为的国君，正卿赵盾三番五次规劝，灵公不仅不听还萌生杀心。

公元前607年的一个凌晨，晋灵公派出的杀手潜入赵宅，屋门恰巧开着，他见赵盾已经穿戴整齐，正襟危坐，等待上朝。杀手被赵盾的勤勉忠诚感动，不忍对其下手。无奈君命难为，杀手撞树自尽。赵盾也因此明白了国君对自己已心藏杀机。

一计不成又生一计。同年，晋灵公设鸿门宴请赵盾入宫，暗地里却埋伏甲士准备刺杀。赵盾的贴身护卫觉察气氛不对，想将他支走，眼见事情败露，灵公便放恶犬追咬赵盾。危急时刻，一位曾经受恩于赵盾的甲士，奋力搏杀，拼死护卫，使赵盾成功逃脱。

面对国君多次加害的局面，赵盾逃到了首阳山。他暗中指使族弟赵穿在桃园设伏杀死了晋灵公。

晋灵公去世后，赵盾将晋文公的少子、晋襄公的弟弟黑臀立为国君，史称晋成公。

太史董狐为人正直，认为晋灵公被杀，赵盾难逃干系。于是，他在晋国史书中写道"赵盾弑其君"，并将其在朝堂上公示。赵盾看到后急忙辩解:"情况不是这样的,国君不是我杀的,是赵穿杀的。"董狐不紧不慢地解释说:"你是国家的正卿,国家由你管理,你逃亡并没有走出国境,回来又不惩办凶手,你说,弑君的不是你又是谁呢?"

在礼崩乐坏的春秋时期,国家正卿执掌生杀大权,但史官董狐面对正卿赵盾,依然刚正不阿。孔子听说此事后,评论说:"董狐,是古代的好史官,记载史事的原则就应当是直言不讳。"

实力不允许低调

士会是春秋时期晋国大夫,也是士蒍的孙子。城濮之战时,士会已经开始崭露头角,担任晋文公的车右。晋灵公继位之争中,他被赵盾派到秦国迎接公子雍,由于令狐之战的缘故滞留秦国。士会经常给秦国出主意,晋国很头疼,于是将他唤回。士会谨慎低调又有才华,与同僚关系很好。

公元前601年,士会终于升职了,新职位是晋国的上军将,他带领的晋国上军军纪严明、战斗力很强,在晋楚两国的大会战——邲之战中,晋军的中军、下军军纪涣散导致大败,但士会率领的上军却军容整肃,取得了"上军不败"的战绩。之后,他又率军灭掉了赤狄三部,晋景公亲自将此战的俘虏献给了周天子。不得不说,士会这回真是给晋景公长脸了,晋景公一高兴,士会职位又升了,成为中军元帅兼太子太傅。

晋景公是一个知人善任的好国君,经过这几仗,他观察到士会讲信义，又温和廉正有威信，便又命他主管了晋国的刑法事务。士会上任后，对之前的法律条文进行了整改，侧重以礼法教化百姓，晋国因饥荒而导致盗贼四起的国内环境大为改观，很多盗贼甚至都逃到了秦国，晋国的百姓都称赞士会真是老百姓的好官！

后来，周王室发生内乱，晋景公命士会帮助周王调解矛盾，周王体念士会的辛劳，以诸侯的礼节招待他。士会这一次"进京"的所见所闻，又让他有了新的想法，回到晋国后，他着手搜集、整理夏商周三代的典章制度，重新修缮了晋国的刑法典章。因为士会的谥号为"范武子"，后世称这部法典为"范武子之法"。后来，晋景公依照这部法典发动了"下宫之役"，诛杀了威胁晋国三代国君的赵氏势力。

漫话晋国

MAN HUA JINGUO

引爆战争的嘲笑

晋国在邲之战中败给了楚国,霸主地位被动摇了,许多跟着晋国混的诸侯国就想另找靠山,其中就有实力还不错的齐国。为了留住这个小弟,晋景公派自己的亲信郤克出使齐国以表诚意。郤克是个很有能力却身有残疾的人,他很有信心能出色地完成国君交代的任务。但到了齐国却发生了意想不到的事情……

齐顷公是个见识浅薄的国君,他因郤克残疾顿生慢待之意。接见时,齐顷公叫母亲躲在帷幕后看笑话。当看着郤克一瘸一拐上台阶时,齐顷公的母亲不禁大笑起来。郤克听到这刺耳的笑声,愤慨万分,撂下一句狠话:"今日之辱,不报不休!"就回国了。

回到晋国后,郤克请求晋景公出兵伐齐替自己报仇,景公暂时不想和齐国产生冲突,让他等待时机。他又请求带领家臣攻打齐国,景公还是不同意。但齐国是真不上道,在晋国主持的断道(今河南省济源市西南)会盟

漫话晋国
MAN HUA JIN GUO

时居然不参加，敛盂（今河南省濮阳市西南）会盟时又提前离开了。这下，晋景公的耐心终于被耗尽了，决定派兵攻打齐国，郤克也等来了报仇雪恨的机会，晋齐鞌之战即将爆发！

国仇私怨一起报

齐国背叛了晋国，和楚国结盟后，真的以为自己天下无敌了，居然带着军队攻打了晋国的盟友鲁国。齐顷公却不知，邲之战的失败并未影响晋国的霸主地位，晋国转眼就给了齐国一记重拳。

和齐国有旧仇的郤克被任命为中军帅。晋景公原打算给他们配备700辆战车，郤克说："城濮之战是700辆，但那一战的将帅比我睿智多了，您还是给我800辆吧！"就这样，郤克带了800辆战车，再加上鲁、卫、曹等盟国，足有上千辆战车。他们与齐楚联军对峙于鞌（今山东省济南市），大战一触即发。

晋国负气而来，士气高涨，首先发起了攻势。郤克身先士卒，冲锋陷阵，一副誓要斩杀齐顷公于阵前的架势，即使被箭射伤血流不止，仍然坚持击鼓。他的御佐解张也被箭射中了，但依然果断地折断箭杆继续驾车，血都把车轱辘染红了也没有畏惧之色。伤势过重的郤克

还是倒下了,解张带着箭伤驾车的同时举起了郤克的鼓槌,晋军的军鼓以更强大的气势鼓舞着浴血奋战的晋国将士,他们同仇敌忾、所向披靡,齐国军队终难抵挡这样的攻势,溃不成军,齐顷公也差点被俘。

这一战,打出了晋国中原霸主的气势,打出了晋国将士的英勇无畏,也狠狠教训了齐国。齐国再次臣服于晋国,齐顷公更是献上宝物以谢罪。

谦让成风 晋国之幸

齐晋鞌之战,晋军大获全胜。这支上下一心、勇猛善战、坚毅顽强的铁血军团吹着胜利的号角班师回朝,等在路两边的老百姓早已迫不及待地要为他们的勇士呐喊喝彩。

曾任晋国中军将的士会也在人群中,他焦急地等待儿子士燮回家,盼来盼去怎么也等不来人,直到队伍的最后士燮才出现。士会赶忙过去,责怪他:"你不知道我在等你嘛!就不能走快一点。"士燮笑着说:"您别生气,这出外征战是一件光荣的事情,老百姓都在欢迎我们回家,先回来的人就是最先被注意到的人,那当然应该是统帅了,我怎么能跑到前面抢风头呢。"士会听了他的话,赞许地说:"好儿子,你能这么谦让我很欣慰。"

将士们列队在晋国的宫殿外等待国君的赏赐。首先进入大殿的是统领军队的中军将郤克,晋景公给予了他高度的评价:"这次能痛击齐国,你领头功。"郤克赶

忙说："这是您教导得好，再加上将士们作战英勇，我怎么敢贪图功劳呢。"晋景公很是欣慰。接下来召见的是士燮，晋景公像慰劳郤克一样对他，士燮也谦虚地说："这是荀庚和郤克指挥有度，小臣真不敢贪功。"接着，晋景公又用同样的方法召见了栾书，栾书表示这是士燮管理有方，士兵用命，并不是自己的功劳。

犒劳完三军将士，晋景公非常高兴，不禁感叹："有这样一只奋勇杀敌而且礼让谦逊、不贪不慕的军队，是晋国之幸呀！"

有恩必报的智䓨

晋成公在位的时候,把智地(今山西省运城市永济市西北)封给荀首,从此荀首这一支族人就以智为自己的姓氏。

晋楚邲之战中,晋国惨败,智䓨被俘。父亲荀首为救回儿子率领家族武装向楚军发起反攻,射杀了楚国大夫连尹襄老,射伤了楚公子毂臣,并将尸体和人带回晋国,意欲用他们换回自己的儿子。

荀首在外奔波忙碌,智䓨在楚国也没闲着,寻找各种办法创造各种机会想要逃回晋国。皇天不负有心人,这天一个郑国商人来楚国做生意,刚好被智䓨碰到了,机警敏锐的智䓨马上就有了计策。他先是设法摆脱了监视,然后不动声色地把商人约到一个偏僻的客栈,向他表明了自己的身份,并承诺如能助其回国,必当重谢。商人毕竟是商人,面对如此高回报的利益,决定铤而走险,帮助智䓨从楚国人的眼皮子底下逃回晋国。

漫话晋国

MAN HUA
JINGUO

戏剧性的一幕发生了，通过积极运作，楚国也意识到荀首是晋国的中军佐，智罃是一定会被营救回国的，不如做个顺水人情。于是，晋楚双方达成协议，释放对方的人质，智罃就这样回到了晋国。

后来的某一天，郑国的那个商人来晋国做生意，智罃不仅热情地接待了他，还对他说："当年我困于楚国，幸得你竭力助我，内心万分感激！"郑国商人惶恐地说："您回国是由于您父亲的奔走相救，我什么也没做。我只是个商人，图的是利益，实在不能接受您这份感激！"智罃笑着说："无论如何，当初助我的那份真心我是要报答的。"商人诚恳地谢绝了奖赏，然后就奔齐国去了。

剑指赵氏的迁都

正所谓"好风凭借力,送我上青云"。晋国的异姓卿大夫们借着晋献公施行的"国无公族"的东风登上了晋国的政治舞台,而且势力越来越强大。直到公元前607年,执政卿赵盾的族弟赵穿将晋灵公杀死在桃园,晋国公室的地位受到了极大的威胁和动摇。

公元前599年,晋景公即位,这是一个很有"城府"的国君,他想打击日益强大的赵氏势力,但有灵公的前车之鉴,不敢贸然出击。在深思熟虑之后,他决定迁往新都城以分解赵氏在绛都的势力。

但迁到哪里呢?公元前585年三月,晋国的大殿上,大臣们激烈地讨论着,最终倾向于迁都到郇瑕氏之地(今山西省运城市临猗县西南),因为那里土地肥沃,且靠近盐池,是个好地方。

这是一个干系重大的问题,需要慎之又慎。会后,晋景公征询一言未发的韩厥的意见，韩厥恭敬地说："郇瑕氏那个地方水土不够好，污秽肮脏之物容易在那里积聚，这样老百姓就会得风湿脚肿一类的疾病。身体都不健康了，哪里还有幸福可言，这势必会影响国家的安定团结。不如迁到新田（今山西省临汾市侯马市西北）吧，那里不仅水土好，可以惠泽子孙，而且那里的老百姓也朴质温和，还有汾水、浍水冲走污秽之物，真的是一个天时、地利、人和的好地方。"景公听了之后对新田很是满意，并于当年的四月十三日迁都到了新田。三年之后，赵氏土崩瓦解。

下宫之役

晋国赵氏家族势力在赵盾成为正卿后得到了迅速发展，严重威胁君权。公元前586年，赵婴与侄子赵朔的妻子赵庄姬通奸，家丑外泄，他的兄长赵同、赵括为了维护家族的尊严，将赵婴赶到齐国。赵庄姬痛恨赵同、赵括，便向晋景公诬告他们要谋反。栾书和郤氏也出面作证，晋景公终于抓住了打击赵氏的机会。公元前585年，晋景公迁都新田。公元前583年，晋景公发兵包围赵氏下宫，杀死赵同、赵括，夺取了赵氏的封地，从此赵氏势力衰落。当时赵庄姬带着儿子赵武躲在晋景公的宫殿中，幸免于难。公元前581年，经韩厥求情，晋景公立赵武为赵氏的后嗣，返还其封地。这就是历史上的下宫之役。

漫话晋国

MAN HUA
JINGUO

晋楚两大军团的最后一次决战

公元前 575 年，郑国背叛晋国而亲近楚国，并进攻晋国的盟友宋国。晋国得知后气愤不已，决定兴师伐郑。

晋厉公亲自督军出征，并派使臣出使鲁、卫、齐等国，请援军助战；楚共王收到消息后亦亲率大军，并联合陈、郑及南方小国北上救郑。双方对峙于鄢陵（今河南省鄢陵县）。

晋厉公和楚共王身边都有知道对方底细的情报员，但楚共王的情报员是"徐庶进曹营，一言不发"；而晋厉公的情报员却对楚军的弱点和动向了然于胸，积极出谋划策，建议晋军集中兵力攻击楚军精锐，定会大胜。

关于晋军的作战策略，中军帅栾书与新军佐郤至意见不一。栾书主张等待各国援军集结再进攻；郤至认为楚联军军纪涣散，应当速战。晋厉公选择听取郤至的意见，不待联军到来便下令营中塞井夷灶，立即拔营发起

漫话晋国

MAN HUA
JINGUO

进攻。晋军军营外有片沼泽地，大军经过时都会尽力避开沼泽。但厉公的战车却不慎陷入泥中，栾书见状急忙去救，厉公御戎栾针急呼："栾书身为将领，怎可分心！"于是跳下车，将战车抬出淤泥继续前进。

战争开始后，晋军将领栾书、士燮带领的士兵佯装松懈引诱楚军，楚军不知是计移兵进攻，却被埋伏的另两支军队合围击败；之后，晋军集中兵力攻击楚军中军。晋大夫魏锜奋勇杀敌，虽以身殉国，但却射中楚共王的眼睛。在晋军强势进攻下，楚军无力招架，拼死才救下楚共王。郑成公也在晋国下军将韩厥的进攻下仓皇逃命，晋军大获全胜。

鄢陵之战是晋、楚两国间的最后一次大会战，并以晋国孤军对战获胜。此战解除了晋国的霸业危机，自此楚国再也无力北上争霸。

栾书设计灭郤氏

郤氏在晋献公时期就是晋国一个庞大的家族，几十年来，郤芮、郤缺、郤克三代都曾执政，这个家族的财富与权势经过长期积累，郤克之后，郤锜、郤犨、郤至占据了晋国八卿中的三席，真正达到了"其富半公室，其家半三军"的程度。但由于"三郤"的贪婪和骄横，郤氏在错综复杂的晋国家族斗争中几乎成为公敌。

郤氏家族一家独大威胁到正卿栾书的地位，引起他的极度不满，一个借刀杀人的计划开始实施。

栾书找到鄢陵之战中被俘的楚国公子伐，让他向晋厉公告发郤至勾结楚国谋反，准备篡权拥立孙周回晋国继位。孙周是晋文公的五世孙，是晋厉公的侄子，寄住在王都洛邑，自幼聪慧过人，学富五车，在诸侯中颇有名望。

晋厉公听闻此言，大吃一惊，立即找栾书商讨，栾书佯装不知，顺水推舟地说："这个事恐怕是真的，不然的话，他怎么会在战场上冒死接待楚王的使者呢？至于是否篡位，您可以派他到王都洛邑去出使，一切不就清楚了吗？"晋厉公采纳了他的意见。

老谋深算的栾书提前给孙周送信，让他做好接待，孙周不知是计，热情地接待了郤至，两人相谈甚欢。这一幕被厉公派去的人尽收眼底，厉公知道后对公子伐的告发深信不疑，栾书借刀杀人的计划顺利进行着。

一天，晋厉公组织狩猎。郤至猎到了一头野猪，准备献给厉公，然而野猪被寺人孟张夺走，郤至将寺人孟张射杀。不知内情的晋厉公以为郤至有意折辱自己，愤怒地说："郤至欺人太甚！"

公元前574年，晋厉公发动群臣讨伐三郤。十二月，厉公的宠臣率领甲士包围了郤氏府邸，一场屠杀开始了，最终"三郤"被杀。

漫话晋国 MAN HUA JINGUO

举贤不避仇和亲

祁奚年老的时候，准备向晋悼公辞去自己的中军尉职务，于是觐见国君。晋悼公明白他的来意后，想听听他对继任者的看法，于是问他："你退休后，谁可以接替你的职务呢？"

祁奚回答："解狐可以！"

"他不是你的仇人吗，你为什么举荐他？"

"国君您问的是谁可以接替我的职务，又没有问谁是我的仇人。"

"好！"晋悼公于是任命解狐接替祁奚担任中军尉。可是解狐还没有正式上任，就去世了。

晋悼公又询问祁奚："谁还可以继任中军尉呢？"

漫话晋国 MAN HUA JIN GUO

"祁午可以。"

"他不是你的儿子吗？"

"国君您问的是谁适合担任中军尉,又没问谁是我的儿子。"

晋悼公于是任命祁午为中军尉,一直到晋平公继位,中军都没出现过错误的军令。

不久,祁奚原来的副手、中军尉佐羊舌职去世了。晋悼公向祁奚请教谁可以接任他的职务。祁奚推荐了羊舌赤,于是晋悼公就任命羊舌赤担任中军尉佐,做祁午的副手。

晋国人听说了这件事,都说祁奚和国君做得好。孔子评价说:"祁奚举荐外人不避仇人,举荐亲人不避儿子,可谓是大公无私啊!"

"大度"要分事儿

晋悼公时,有一个叫解狐的大夫,耿直倔强,公私分明。有一天,邻居告诉他说:"你的小妾和家臣刑伯柳私通。"解狐不信。为了证实真伪,解狐谎称要巡视边境几个月。外出三天后他悄悄返回,果然发现了二人在私通。他怒火万丈,把两人痛打了一顿,双双赶出了解府。

不久,解狐的好友赵文子的封邑国相之位空缺。赵文子就让解狐帮他推荐一个精明能干、忠诚可靠的国相。解狐将自己认识的人仔细想了一遍,发现只有被他赶出去的刑伯柳合适,于是就向赵文子推荐了他。

刑伯柳担任了国相后,果然把赵文子的封邑治理得井井有条。赵文子十分满意,夸奖他说:"你真是一个好国相,解狐没有看错人啊!"刑伯柳这才知道是解狐推荐了自己。

刑伯柳心想，自己是解狐的仇人，他为何却要举荐自己呢？也许这是表明他要主动与自己和解吧！

于是，他准备了贵重的礼物，拜访解狐，感谢他不计前嫌的举荐之恩。通报上去后，解狐叫门官问他："你来是因为公事还是因为私事？"

刑伯柳向着府中解狐住的地方遥遥作揖说："我今天拜访，是专门负荆请罪来了。刑伯柳早年投靠大夫，蒙您晨昏教诲，像再生父母一样。我做了对不住大夫的事，心中本就万分惭愧，现在大夫又不计前嫌，秉公举荐，更让我感激涕零。"

刑伯柳站在府门前等候，却久久不见回音。他正在疑惑的时候，解狐突然出现在门前台阶上，手中张弓搭箭，向他狠狠射出一箭。他还来不及躲闪，那箭已擦着耳根飞过去，刑伯柳吓出一身冷汗。

解狐接着又一次张弓瞄准他，说："我推荐你，那是为公，因为你能胜任；可你我之间却有夺妻之恨，你还敢上我的家里来吗？你这是找死！"

刑伯柳这才明白，解狐依然对自己恨之入骨，他深施一礼，慌忙逃走了。

解狐能公私分明到这种境界，真是值得赞叹啊。

敢打国君的脸

晋悼公继位后,经常会盟诸侯。有一次,在去鸡泽(今河北省邯郸市附近)会盟的途中,他的弟弟杨干的战车扰乱了军队的行列,这一幕被军法官魏绛看到了。他没有畏惧国君的权势,下令将杨干的御戎杀死。当时的御戎就相当于现在的专职司机,杀他是当面打杨干的脸,而杨干是晋悼公的弟弟,那就是打国君的脸。

果然,晋悼公听到消息后怒不可遏,对军尉羊舌职说:"我们会盟诸侯,是一件光荣的事。杨干御戎被杀,让诸侯嘲笑,还有比这更耻辱的事吗!马上杀掉魏绛!"

羊舌职劝解说:"魏绛这个人公正无私,一心为国,侍奉国君不避危难,有了罪过不逃避惩罚。他定会向您秉明详情,何劳您发布命令呢?"

话刚说完,魏绛就来了,把自白书交给国君后,准备拔剑自刎。

周围的人赶紧劝阻他,说这样会陷国君于不义,不是为臣之道,魏绛才停下来。

晋悼公打开自白书来看,上面说:"臣听说部队军纪严明才算威武之师,将官严格执纪才算忠于职守。作为军法官,严格执行军纪是我的职责。执法不严是最大的罪过，所以惩处了杨干。没有事先申明军纪便执行军法，臣罪责重大。请您定我的死罪吧！"

晋悼公恍然大悟，马上向魏绛道歉："我刚才说的话是出于亲情，你惩处杨干是执行军法。寡人没有教育好自己的弟弟，致使他违反军令，这是寡人的错。你若因此自罚不是让我错上加错吗！"

魏绛秉公执法，维护了晋国军法的威严，晋悼公有错能改彰显了明君风范。晋国有此君此臣，无怪乎能九合诸侯，复霸中原。

后院不能起火

晋国北部与戎狄接壤，如何处理与戎狄的关系，是关乎晋国生死存亡的大事。

晋悼公继位后，改革军政，国势蒸蒸日上，极大地震慑了戎狄。一些戎人看到继续与晋国作战不仅没有好处，反而会拖死自己，开始想要与晋国通商，缓和关系。

公元前569年冬，北戎无终国派使臣孟乐来到晋国，通过魏绛献上虎豹之皮作为礼物，代表各部落请求与晋和好。晋悼公对此不以为然，对魏绛说："戎人六亲不认又贪婪无比，不如讨伐他们。"

魏绛解释道："最近我们刚刚通过会盟稳固了诸侯，但各诸侯仍在观望。如果我们攻打戎人，就没有兵力保护和震慑中原盟国，他们一定会背叛我们，得不偿失啊！"

晋悼公说:"难道没有比同戎人讲和更好的办法了吗?"

魏绛说:"与戎人讲和有五大好处。"

"哦,有哪些好处?"

"戎人逐水草而居,看重财货而轻视土地,可以向他们购买土地,此其一;讲和之后,边境没有了威胁,百姓得以安心居住,农人得以安心收获,此其二;如果连戎狄都侍奉晋国,邻国为之震撼,诸侯也会看到我们的国威而归附,此其三;以德安抚戎人,不劳军队去讨伐,不损耗军马战具,此其四;借鉴后羿黩武的教训,而以德服人,远方的国家来朝,近处的邻国安心,此其五。请国君再考虑一下。"

晋悼公闻言大悦,欣然采纳了魏绛的意见。他派魏绛与各部落戎人签订盟约,终于稳固了晋国北部边疆。

漫话晋国
MAN HUA JINGUO

争霸是一场持久战

晋悼公时期，晋国和楚国争夺霸权，夹在中间的郑国只能唯强是从，晋国来打，它就投降晋国；楚国来打，它就投降楚国。郑国就像个墙头草，谁在争霸中占据了上风，郑国就倒向谁。

郑国国都位于今天的河南省新郑市，晋国都城位于今天的山西省侯马市，两都相距360公里左右；楚国的都城位于今天的湖北省荆州市，距新郑600公里左右。在争夺郑国上，晋国相对于楚国有距离上的优势。

面对郑国首鼠两端的行为，晋国决定近距离驻军震慑。公元前572年，晋国率领诸侯联军在郑国虎牢关筑城。虎牢关距离郑国都城不到百里，郑国一旦反叛可以迅速出兵。郑国听说后十分恐惧，倒向了晋国。

但楚国不甘心，不断北上攻伐郑国。

漫话晋国
MAN HUA JINGUO

为了彻底打败楚国，晋国六卿聚在一起商讨对策。

中行偃说："我们包围郑国，等待楚国前来救援，以逸待劳打败它。"

智罃看到了晋楚斗争的长期性和持续性，进一步分析说："我们先退兵，假意答应郑国讲和，引诱楚军不断出兵，持续作战，不能休整。然后我们将全军分为三个部分，轮流迎击楚国军队，这样就会使远道奔袭的楚军疲惫不堪，持续消耗楚军的战斗力。正所谓君子劳心，小人劳力，斗智而不斗力。"晋悼公采纳了智罃的意见，最终拖垮了楚国，实现了复霸。

攻城先攻心

狄人与晋国长期征战，时服时叛。晋国只能打败狄人，却很难从心理上征服他们。等到白狄人建立了鼓国，严重威胁到晋国时，晋国大夫中行吴打算从心理上彻底征服鼓国人。

公元前527年，中行吴出兵讨伐鼓国，他善战的名声十分响亮，鼓国人非常畏惧他。晋军只是包围了鼓国，一些人就坚持不住了。

一天，中行吴收到了从鼓国都城里面传出的消息，城里有人愿意投诚，希望里应外合，帮助晋军拿下鼓国，但被中行吴果断地拒绝了。

左右的人十分不解，问道："现在有这样不用部队劳苦攻城就能达到目的的美事，您为什么不干呢？"

中行吴说："大夫叔向说过，好恶分明是处事之道。

如果我们内部出了叛徒，我肯定除之而后快。现在是敌军的城里出了叛徒，我也不会为此感到高兴。打仗靠的是实力，我不能因为想取下一座城而亲近奸人。"随即，中行吴不但没有接受此人的投诚，反而把此事告诉了鼓国人，鼓国人杀死了叛徒，并修缮工事。

晋军围困鼓国第三个月时，鼓国大将自知无力回天，所以带着部属出来投降。中行吴看了看投降的部属，说："你们脸上还没什么疲惫饥饿之色，还是回去好好守城吧！"

中行吴身边的军吏很生气，便质问道："现在城池唾手可得你却不要，放任百姓受苦、士兵受累，哪有这样的道理！"

中行吴说："他们轻易地投降我们，不会从心理上彻底臣服，以后必会轻易地背叛我们。"

不久之后，鼓国人来报："我们已到弹尽粮绝的地步，真的坚持不住了，请接受我们的投降吧。"中行吴这才进城接管了鼓国，双方未伤一兵一卒，而是用心理战征服了鼓国。

漫话
晋国

MAN HUA
JINGUO

做人不能忘本

春秋时期,晋国掌管典籍的官员籍谈出使周王室,周景王设宴款待。觥筹交错间,周景王问:"其他国家都有给王室的贡品,晋国为什么空手而来?"籍谈回答:"其他国家都得到了王室的赏赐,所以要进贡宝物回馈王室,而晋国地处深山,戎狄侵扰,从来没有获得过王室的恩惠,哪有东西可以进贡呢?"周景王不以为然,历数了从唐叔虞以来周王室对晋国的赏赐,最后对籍谈说道:"你的高祖孙伯黡(yǎn)曾掌管晋国典籍,主持国家大事,对这些事情了如指掌。而你作为他的后人,为什么什么都不知道?"籍谈哑口无言。

籍谈退下之后,周景王评论说:"像籍谈这样数典忘祖的人,后代应该不会有什么出息了吧。"

漫话晋国
MAN HUA JINGUO

数典忘祖比喻忘记事物的根本，或者对本国的历史一无所知。

一食三叹巧劝谏

春秋时期,魏舒是晋国六卿之一魏氏家族的家主,同时他还主持着晋国的政务,在任期间秉公执法、恪守道德,很是为人称道。

魏舒的儿子魏戊是梗阳县(今山西省太原市清源县)大夫,他公正执法、兢兢业业,得到了民众的一致好评。

有一次,魏戊遇到了一个疑难案件,经反复审理仍无法裁决,就决定把案子上报,而接管案件的正是他的父亲魏舒。案子的被告方得知审理案件的是执政正卿,于是挑选了一些样貌姣好、舞技超群的女乐偷偷送到魏府,希望魏舒能做出对自己有利的裁决。

执政严明、处事公正的人可能也有思想滑坡的时候吧!魏舒对送来的女乐很是满意,打算接受这个"礼物"。

世上没有不透风的墙,消息很快传到了魏戊耳中。

魏戊觉得父亲如若接受贿赂会损害家族的声誉和个人的声望，对执政地位产生影响，便决定进行劝谏。

但是作为儿子直接指出父亲的过错，在礼仪宗法上不合适。于是，他便找到魏舒的属下、晋国大夫阎没、女宽两人商议："家父以不受贿闻名于诸侯，这次要是接受了梗阳人的'礼物'，会毁了一世清名，二位一定要劝谏啊！"于是，两人答应共同劝谏魏舒。

这天散朝后,阎没、女宽来到魏府,在庭院等候。魏舒回府,正是用饭时间,就邀请二人共同进餐。席间,阎没、女宽莫名其妙地叹息了三次,这让魏舒很是诧异。

饭后,魏舒问道:"我听过一句谚语,吃饭的时候可以让人忘记忧愁。可是今天二位吃饭时却叹息了三次,为什么呢?"

二人回答:"昨天晚上我们没有吃晚饭,所以真有点饿了。一开始上饭的时候,担心不够吃,所以叹气。吃到一半,我们很自责:您请吃饭,哪有不够的道理?所以又叹了一次。吃完后我们想:要是君子的心像我们的腹一样,吃饱了就知足,那该多好啊!所以又叹了第三次。"魏舒是多么聪明的一个人,马上明白了二人意有所指,于是拒绝了贿赂,并秉公处理了这一案件。

这就是一食三叹的故事。魏戊亲疏不避,商量劝谏;阎没、女宽巧言相劝,机智进谏;魏舒周听不蔽,虚心纳谏,真是难能可贵啊!

一部迟到却不会缺席的成文法

春秋晚期，统治阶层为了维护自己的政治地位和经济利益，制定了律法条文，但是他们不会将这些律法公之于众，而是私藏起来，怎么办案全凭他们裁决，这样律法就成了特权阶层的"吉祥物"和"护身符"。

公元前513年冬天，身为贵族的晋国正卿赵简子对这项特权进行了颠覆性的挑战，这位魄力非凡的正卿在他刚刚修筑的汝水之滨的新城，发布了一道向城内百姓征收铁的布告，没过几天"一鼓"（相当于现在480斤）铁就集齐了。赵简子用这鼓铁，铸造了一口大铁鼎，事情发展到这里并没有什么特别的，接下来发生的事就要让统治阶层怒火中烧，让劳苦大众拍手称快了。

赵简子将37年前范宣子执政时期颁布的刑书铸在了大鼎上，并且将大鼎放到了公众场合，路过的百姓都能看到上面的律法条文，从此老百姓清清楚楚地知道了什么能做什么不能做，社会上的犯法行为也因为律法的公布而大大减少了。

但是，赵简子的这一举动却在列国之间引起了极大的轰动，晋国的其他贵族更是极为不安，甚至连圣贤孔子也对他进行了强烈的抨击，发出了"破坏了礼制，丢掉了法度，晋国将要灭亡"的感叹。不得不说，孔圣人的这句话是站在统治阶层的立场上说的啊！

赵简子铸刑鼎的行为在等级森严的春秋时期可以说是将天捅了个窟窿，从此人们不再按照等级关系评判是非对错，而是依法办案、有法可依了，律法也不再为统治阶级私有，晋国从此由礼制走向了法制，这一举动更是中国法制史上具有里程碑意义的一件大事。

漫话晋国
MAN HUA JINGUO

六大家族的第一次洗牌

晋国晚期，公室日渐衰微，韩、赵、魏、范、中行、智六大家族却逐渐崛起和壮大。但他们并不满足于土地的扩张和人口的增长，还想要兼并其他家族，最好自己可以独霸晋国的政治舞台……

公元前497年，赵氏家族内部发生争斗，但由于晋国内部错综复杂的关系，一下子把韩、魏、智、范、中行各大家族都拉了进来。一场家族之争演变成了韩、赵、魏、智四家与范、中行两家之间的"世界大战"。

听到风声的中行氏和范氏决定先下手为强，率先组成武装力量进攻支持赵氏的晋国公室，想要改立新君，大战仓促开始。在这一阶段，赵氏只是带着韩、魏、智三家的"口头"支持，对阵范、中行两家及支持他们的"国外"武装力量，双方各有胜负。

公元前497年，赵氏打着晋定公的旗号，率联军继

续发起进攻，范、中行两家溃败。

公元前494年，赵氏面对本国政敌和强大的"国外"势力，调整策略，移兵北上攻打邯郸，以吸引齐、卫等国的兵力，阻止他们解救被围困的范、中行两家。

公元前493年，在铁丘（今河南省濮阳市）爆发的一场战争，成为大战的转折点。在敌众我寡的情况下，赵简子在铁丘做了鼓舞人心的战前动员，他指责范、中行两家大逆不道和祸国殃民的行径，承诺对在战争中冲锋陷阵、勇于杀敌者，战后会论功行赏。士兵备受鼓舞，在战场上勇猛无比，拼死作战，最终切断了齐、郑、卫等国对范、中行两家的支援。

公元前490年，赵氏组织大规模的反击，范、中行两家拼死抵抗，但终难扭转败局，持续了八年之久的"世界大战"终于结束。

这是晋国六大家族间的第一次兼并战争，也是新兴地主阶级之间争夺政权和领地的一场战争。

晋国霸业的终结

为了遏制楚国向北扩张的势力，晋景公派申公巫臣去楚国的邻国吴国做工作，想联合吴国制衡楚国。申公巫臣组织专业人员将晋国先进的练兵方法和车战技术教授给吴国，并派自己的儿子在吴国做教官，吴国的军事力量迅速发展壮大起来。

晋国作为中原霸主都在扶持亲善吴国，其他诸侯国也很有眼色，纷纷和吴国开始交往，吴国的国力也逐渐强大起来，并开始对楚国实施牵制，达到的效果让晋国这个老大哥很是满意。

随着国力的增长，吴王夫差打败了齐、楚、越，征服了鲁、郑等国，北上中原的狼子野心路人皆知。

公元前482年，信心满满的吴王夫差率大军北上，与晋国在黄池会盟，欲挑战晋国霸主之位。

按照惯例，在盟会上，谁是霸主谁先歃血。但吴王夫差目中无人般首先登上台基，直奔主题："我祖先太伯是周文王的伯伯，在周王室中，我们是老大，这歃血理应由我们先来，大家没意见吧！"

看到夫差如此傲慢无礼，晋国正卿赵简子说："在姬姓诸侯国中，只有我们晋国当过中原霸主，所以这个盟主还应该由我们担任，什么时候轮到贵国发话！"

就在双方唇枪舌剑争执不下时，吴王夫差收到了越王勾践趁吴国空虚攻入都城的消息，他已无心再对"谁先歃血"多做争执。晋大夫司马寅发现夫差的反常，猜到吴国应该出事了，提出双方先冷静一下再作商量，没想到夫差强行结盟，成为盟主。

黄池会盟成为压垮晋国中原盟主地位的最后一根稻草，从此晋国霸权旁落。之后夫差急匆匆地带着大军回国救火，但败局已定，吴国也终究没有逃脱灭国的结局，其霸业也只是昙花一现。

漫话晋国

MAN HUA
JINGUO

勇毅果敢的智瑶

真是"你方唱罢我登场"！公元前475年，在赵鞅去世后，位列四卿之一的智瑶靠着自己的实力竞争到了晋国执政卿的位置。智瑶带领晋国军队南征北战，立下了赫赫功勋，其中最著名的就是公元前472年在犁丘打败了东方大国齐国。

晋齐两军对峙阵前，战争局势停摆不动。为了探明齐军情况，智瑶决定亲自当一次"探子"，手下人担心他的安全，说："您是主帅，怎么能以身犯险，若稍有差池，全军将士该何去何从？"智瑶胸有成竹地说："不用过分担心，你们认为我不该只身犯险，齐国也会认为我不会孤身前往，如果他们真的发现我了，也会认为我们一定做好了埋伏，他们是不敢轻举妄动的。"正如他所料，齐军哨兵发现了他，但担心其中有诈，没敢有所动作。智瑶也是演技派，就算战马受到惊吓嘶鸣不停，也表现得镇定自若，一副皆在掌握之中的神态。就这样，智瑶带着亲信到齐军中转了一圈，收集到了大量的情报。

漫话晋国 MAN HUA JIN GUO

在返回晋国军营后，他果断部署，准备出击。这时，长武子请智瑶按惯例占卜此战的吉凶。智瑶摇了摇头，说道："不用了，出发之前咱们的国君已经在宗庙里占卜过了，卦象很吉利，何况是齐国先占领我们的土地，我们是来夺回自己的东西，放心吧，这一仗的胜利者一定是晋国。"

因为智瑶的果感自信，也因为他的勇敢担当，晋国的将士在战争中异常勇猛，最终大败齐国，取得了战争的胜利。

贪小便宜吃大亏

春秋末期，晋国北边有个游牧民族建立的小国夙繇，这是个相对富饶的地方。晋国的正卿智瑶想要占领它，来壮大智氏家族的势力。

但想要打败对方，无疑要摸清对方底细，于是，智瑶派探子去夙繇打探消息，顺带熟悉一下地形，将来军队开拨的时候好有所准备。探子回来后，说："主公，夙繇的周围都是山，而且道路崎岖险要，我们的战车根本就没有办法进去。"

智瑶听了这些汇报，陷入了沉思，如果贸然开路必将引起对方的警觉，有什么办法能让他们为我们开一条路呢？将欲取之必先予之，于是他心生一计，安排铸铜器的匠人铸造一口大钟，这口钟要有两辆马车并行那么宽。过了一段时间，钟铸好了，真是壮观啊！

这天，他邀请夙繇的国君来参观宝物，夙繇国君看了这口钟眼睛都直了，这应该是世界上最气派的钟了吧！智瑶看着他稀罕得口水都快流出来了，觉得时机到了，于是说道："你若喜欢，这口钟送给你们了，拿走不谢！"凤繇国君生怕智瑶反悔，小心翼翼地说："的确是国宝，但是我们国家面积狭小，道路蜿蜒，怎样才能把它运回去呢？"智瑶佯装无奈地说："看来这件宝贝与你无缘呀！"凤繇国君生怕失去这个得到宝物的机会，赶紧说："无妨，我们先回去修条路吧。"智瑶说："随时恭候！"

凤繇的国君回国就开始筹备修路事宜，他的属下有个叫赤章曼枝的说："君上，您要三思，智瑶是个贪婪奸诈的人，他能这么好心送我们那么大个礼？"凤繇国君贪图宝贝，根本听不进去。他派人日夜不休地铲平高地，填平山谷，不久后，一条宽敞的大道直通晋国。

令凤瑶国君没想到的是，他不仅等到了梦寐以求的大钟，也等到了浩浩荡荡的晋国大军，凤瑶就这样亡国了。

漫话晋国

MAN HUA JINGUO

大水冲出的三家分晋

公元前453年,贪婪的智瑶打着晋哀公的旗号向韩、赵、魏三家索要土地,韩、魏两家不想和智氏闹得太僵,于是极不情愿地献了一些土地,唯有赵氏坚决不给,这下可惹怒了智瑶。

这天,智瑶带着韩、魏两家的军队攻打赵氏的晋阳城,围了一年多,晋阳城依然固若金汤。三大家族坐在军营里商议对策,智瑶说:"我看到晋阳城外的河水,突然想到一个计策,或许这河水可以助我们一臂之力。"

智瑶派人在河道上修筑河堤蓄水,等到雨季时命人掘开河堤,只见河水奔涌而出,直冲晋阳城而去。刚开始的时候,城中粮食充足,所以老百姓也不太慌。但一年多过去了,晋阳城中的水迟迟不退,百姓的灶台都淹没在水中,于是他们在房顶支起棚子做饭。没过多久,城中无粮食可吃,出现了易子而食、饿殍遍地的惨状。但即使这样,赵氏依然坚守晋阳城,坚决不投降。

漫话晋国
MAN HUA JIN GUO

一天，智瑶和韩氏家主韩虎、魏氏家主魏驹一起到前线视察，看着晋阳城内的惨状，智瑶得意洋洋地说："今天我才知道水也可以灭掉一个国家啊。"听了这句话，韩虎和魏驹面面相觑，心中充满了不安，要知道他们两家城外也有河流经过。

为解围城之困，赵氏家主赵无恤派家臣张孟谈偷偷潜出城外，和韩、魏两家密谈："今天智瑶能这么对赵氏，明天就能这么对你们，智瑶的贪心我们都领教过了，不如我们联手干掉智氏。"韩虎、魏驹说："我们心里都明白，但智氏一家独大，如果计划失败，事情泄露，我们该怎么在晋国立足呢？"张孟谈说："你们放心，这件事情，天知地知你知我知。"于是韩、赵、魏暗中结盟。

在一个月黑风高的晚上，韩虎、魏驹派人掘开河堤，将河水引到了智瑶的军营。一时间，整个军营被洪水淹没，一片混乱，这时韩、魏、赵三家的军队趁乱杀了过来，杀掉智瑶，全歼智氏。

经此一战，不可一世的智氏就此灭亡，晋国三足鼎立的局面正式形成。

覆灭与新生

公元前453年,韩、赵、魏三家把持了晋国的朝政,晋出公对他们极为不满,但他手下既无良将,又无大军,走投无路的晋出公不愿意忍气吞声,决定去国外试试。于是,他派人联络齐国和鲁国,希望能借助他们的力量讨伐三大家族,不承想救兵还没来,消息却先泄漏了。

韩、赵、魏三家决定先发制人,他们联合出兵攻打晋出公,出公无力抵抗,只能仓皇逃出晋国,不久死在了逃亡途中。

韩、赵、魏三家这时还没有把握瓜分偌大的晋国,为了保证万无一失,他们让哀公的儿子公子柳继位,史称晋幽公。因为目睹了父亲的遭遇,晋幽公非常惧怕三大家族,不仅不让他们朝拜,反而去朝拜三大家主。

时间到了公元前403年,周威烈王以天下共主的身份册封韩、赵、魏三家为诸侯。公元前376年,韩、赵、魏三家瓜分了晋国的最后一寸土地，把晋国最后一位国君晋静公贬为了庶人。

春秋霸主晋国在经历了600多年跌宕起伏的风云变换后，烟消云散，韩、赵、魏三家延续着晋国的思想和文化，位列七雄，开启了战国历史的新篇章！

漫话晋国

MAN HUA JINGUO

韓 檢 観